Rosa Lupoli

GLI INQUISITORI IN BIBLIOTECA
Documenti di censura libraria nell'archivio dell'Inquisizione di Modena nel XVII secolo

Firenze
Edizioni CLORI
MMXVII

Studi storici, filologici e letterari

La collana *Studi storici, filologici e letterari* pubblica – in formato *ebook*, secondo i principi del *gold open access*, e cartaceo – saggi, edizioni e monografie di ambito storico e filologico-letterario. La collana dispone di comitato scientifico internazionale. Le proposte di pubblicazione sono sottoposte a *double-blind peer review*. Tutte le opere della collana sono disponibili al *download* gratuito sul sito internet dell'editore, a cui si rimanda per ogni informazione.
http://www.edizioniclori.it

Edizioni CLORI

ISBN 978-88-942416-2-4

In copertina: Immagine conservata in Archivio di Stato di Modena, *Archivio per materie, Magia e astronomia*, b. 4, f. A con autorizzazione alla pubblicazione concessa con prot. n. 1473/28.01.02/20.1 del 22/5/2017.
Copertina: Davide Racco. Grafica: Giuseppe Gambetta

A Fabio, Davide e Samuele

Indice

Premessa

I saggi qui raccolti nascono dallo studio su alcuni documenti archivistici del Fondo *Inquisizione*, conservato nell'Archivio di Stato di Modena, che custodisce integralmente le carte del tribunale dell'Inquisizione di Modena e buona parte di quello di Reggio. Sono carte su cui generazioni di validi studiosi si sono addestrate per conoscere gli aspetti salienti di quel fenomeno storico che fu l'Inquisizione romana e sull'importanza che riveste non solo a livello locale, ma anche come specchio di una visione nuova dei rapporti e delle controversie tra Stato e Chiesa durante l'Antico regime. Le fonti archivistiche modenesi documentano, attraverso i processi, un brulicare di vita che trapassa dalle figure dei giudici a quelle dei condannati e non conosce cesure; ma insieme agli Inventari di questo tribunale speciale, conservati nei fondi bibliografici della Biblioteca dell'istituto, ci sono giunti anche i manuali a stampa e manoscritti, sui quali i 'giudici della fede' di quel tribunale si formavano e si professionalizzavano; un fondo bibliografico speciale che può essere considerato a ragion veduta un vero 'gioiello bibliografico'. Non a caso gli inventari archivistici delle sedi inquisitoriali, che documentano il passaggio di consegna dei materiali e dei fascicoli processuali agli Inquisitori che subentravano nella carica, presentavano tutti gli esemplari editoriali più accreditati del genere. Anche quelli modenesi documentano questa prassi: nella parte iniziale dell'elenco vi figurano per prima cosa i libri, i *'libri degli Inquisitori'*, la loro piccola biblioteca, ben custodita e sempre trasmessa con cura. Il presente studio è incentrato proprio su questo particolare rapporto tra Inquisitori e libri, tra il loro archivio e la biblioteca che essi stessi contribuivano a formare; emerge infatti dalle carte modenesi un particolare rapporto tra archivio e biblioteca su cui si è voluto indagare, che rappresenta la costante del loro lavoro intellettuale. Come è stato rilevato da Prosperi "i libri dell'Inquisitore erano destinati a combattere e cancellare altri libri, le sue idee erano da imporre al posto di altre". Sembra infatti esserci una linea di cesura netta fra i libri da consultare e libri da occultare, libri di ausilio nell'attività di Inquisitore e libri che si accumulavano per effetto delle campagne antiereticali (sequestro e consegna) in quella che era l'attività speculare degli Inquisitori: il controllo della stampa. Insieme, queste due interfacce del lavoro inquisitoriale si fondono nel mettere a fuoco la *mission* del 'buon Inquisitore': il controllo generalizzato della vita sociale ed etica della comunità, il disciplinamento delle coscienze che passava dalla lotta alle eresie alla lotta alle ideologie, come ha affermato A. Rotondò "l'azione determinante della vigilanza censoria sulla più minuta circolazione del libro e delle idee." A tal fine nella prima parte del testo si sono esaminati i manuali inquisitoriali delle sedi di Modena e Reggio conservati nel Fondo *Inquisizione* dell'Archivio di Stato di Modena, così come documentano gli inventari archivistici, invece nella seconda parte, attraverso l'analisi di alcuni documenti archivistici (anche inediti) riferentisi all'area Estense, si sono esaminati gli inventari di alcune 'biblioteche eccellenti' che illuminano sulla circolazione dei libri proibiti e sull'applicazione dell'Indice Clementino nei primi anni del '600. Nell'ultimo saggio, posto indicativamente alla fine, è analizzato il prodotto finale di tante campagne di censure e proibizioni: la redazione dell'ultimo Inventario dei libri proibiti giacenti nell'Archivio dell'Inquisizione modenese, datato al 1739, deposito della memoria storica di un'Istituzione che ormai si avviava al tramonto.

I saggi riproposti, arricchiti con osservazioni e nuovi materiali bibliografici, sono stati pubblicati on line rispettivamente: i capp. 1-2 della Parte I, nella rivista on line "*QE. Quaderni Estensi*", n. 6 (2014); i capp. 3-4-6-7 della Parte II, sono stati pubblicati nella rivista on line "*Quaderni eretici/Cahiers hérétiques*," n. 4 (2016) (www.ereticopedia.org). Il cap. 5 della II Parte è stato parzialmente edito nel Catalogo della Mostra *"Alessandro Tassoni, spirito bisquadro"* Modena, Musei Civici, 2015.

Desidero ringraziare particolarmente i ricercatori e gli studiosi del progetto "Ereticopedia.org" - Antonello Fabio Caterino, Daniele Santarelli, Luca Al Sabbagh, Domizia Weber - per il valido supporto scientifico offerto.

Devo un ringraziamento d'obbligo alla mia famiglia per la costante affettuosa dedizione.

Infine, rivolgo un ringraziamento speciale a mio figlio, Davide Racco, per il prezioso apporto (non solo filiale) e per la collaborazione nella cura informatica e grafica.

Rosa Lupoli

PARTE I

I *Libri* degli Inquisitori

1. I manuali a stampa del tribunale inquisitoriale di Modena e Reggio

La ricerca storica sull'Inquisizione non può ignorare la cultura dell'Inquisitore, i suoi strumenti intellettuali, il modificarsi dei suoi paradigmi concettuali nel contesto dei saperi del suo tempo. Per questo motivo anche i libri degli Inquisitori hanno un posto accanto alle biblioteche dei Vescovi e dei parroci e tutte insieme costruiscono la cultura ecclesiastica in Italia e in parte di quella laica. Proprio nel cuore del cattolicesimo si rinvigorì il sogno di una verità ecclesiastica imposta con la forza e avallata dall'ossequiosa obbedienza al potere politico; e se il modello dell'Inquisizione fu, come ha scritto Adriano Prosperi, «una mente ecclesiastica e un obbediente braccio statale», i libri su cui si esercitava il controllo o s'istituiva, plasmando su questa forma, un tribunale sulle coscienze, non possono rimanere 'fuori' dalla stanza dell'Inquisitore ma devono essere dentro e ben visti (come lo erano per loro) perché servivano per costruire processi, documenti e dominare le coscienze, esercitandovi un controllo 'con dolce persuasione'.

Per tale motivo i manuali dell'Inquisizione del tribunale di Modena e Reggio conservati nell'Archivio di Stato di Modena costituiscono, come altri manuali inquisitoriali, uno strumentario importante ai fini dello studio sull'Inquisizione, sulla formazione dei processi e meritano una giusta considerazione poiché, confluiti e polverizzati nella biblioteca dell'Istituto conservatore non erano stati mai opportunamente indagati e collegati al fondo archivistico di provenienza[1].

Di tale Fondo archivistico, relativo al tribunale dell'Inquisizione di Modena nell'Archivio di Stato (d'ora in poi ASMo) e del materiale processuale inclusovi, è stato redatto un esauriente inventario analitico[2], come pure sono state ordinate le Buste delle *Lettere della Sacra Congregazione di Roma*, che documentano quantitativamente le attività delle sedi Inquisitoriali di Modena e di Reggio, entrambe conservate nel suddetto Fondo, *unicum* (insieme a Venezia) per la completezza delle serie documentarie ed anche dei documenti di supporto conservati in Istituzioni statali non ecclesiastiche.

Mentre il tribunale dell'Inquisizione di Modena fu soppresso nel 1785 da Ercole III con chirografo del 6 settembre, le carte dell'Inquisizione reggiana invece furono incamerate nella sede di Modena nel 1780 alla morte dell'ultimo Inquisitore, padre Carlo Belleardi; soppressioni che, alla fine del sec. XVIII, furono attuate in nome del giurisdizionalismo che la Rivoluzione francese avrebbe esteso all'Europa, ridando al trono quanto con tolleranza consentiva ai Vescovi facoltà e prerogative prima esercitate dagli Inquisitori.

Fu proprio in virtù delle soppressioni delle sedi dell'Inquisizione - Reggio nel 1780 e Modena nel 1785 - che l'Archivio di Modena (allora Archivio Segreto Estense) poté incamerarne gli Archivi per la dovuta conservazione e, situazione unica rispetto ad altre sedi inquisitoriali, accorparne le carte processuali e gli atti prodotti nella lunga attività di quel tribunale nella quasi completezza (situazione non altrettanto ben documentata per Reggio).

---

[1] I manuali in oggetto sono stati esposti nella mostra *Eresie e magie tra Modena e Bologna*, a cura di Lupoli (2014, 45-48).
[2] Trenti (2003).

Il corpus dei manuali è, per tipologia ed esemplari, ben documentato poiché vi figurano le *auctoritates* prodotte per essere di ausilio agli Inquisitori nella loro funzione ma è arricchito anche da interessanti esemplari manoscritti, redatti nelle sedi che testimoniano anche la diffusione manoscritta di quei testi, ai fini di una loro facilità di consultazione. Conoscere questi testi (che alla fine del '800 come altro materiale a stampa che corredava i fondi archivistici fu disciolto nella biblioteca dell'Archivio) significa capire quali fonti gli Inquisitori delle due sedi ebbero a disposizione per svolgere in modo corretto ed efficace il loro compito di persecutori dell'*heretica pravitas*. Gli Inventari che furono redatti con accuratezza nel '600 in entrambe le sedi ci illustrano quanto fossero complementari questi libri al contesto della documentazione del tribunale, all'attività degli Inquisitori e il ruolo che rivestivano nell'Istituzione e ci riconducono al luogo dove archivio e biblioteca lasciano una traccia nella storia, confondendosi e supportandosi.

I manuali negli Inventari degli Archivi del tribunale dell'Inquisizione

L'importanza dei manuali per i giudici del tribunale dell'Inquisizione e per la costruzione del processo inquisitoriale è suffragata dalla pletora di pubblicazioni del tempo e dalla ricerca di generi letterari espositivi più confacenti allo scopo. Nell'istruttoria processuale, altre fonti si affiancano a quella fornita dalla manualistica, fonti che proprio nell'archivio modenese sono illustrate con ampiezza documentaria, grazie all'integrità con cui esso c'è giunto:
- la corrispondenza inviata alla Sacra Congregazione (con relative risposte e direttive),
- le lettere circolari (che erano prescrittive e non isolate al singolo caso, ma date come norme da applicare).

- *Decreta* della Congregazione romana (così precisi e circostanziati da costituire una specifica di norme comunemente applicate).

Sono queste le fonti che ci immettono nell'Archivio dell'Inquisizione, nodo e fulcro di tutta l'Istituzione nel suo farsi storico; di fatto preoccupazione primaria per gli Inquisitori locali, secondo le direttive romane era la cura e l'organizzazione dell'Archivio - sia per la produzione di atti che per la conoscenza dell'attività inquisitoriale dei predecessori - e lo strumentario (i libri, le liste delle cause ecc.) ne facevano parte integrante. La storia dei libri inclusi nella Biblioteca passa così nell'Archivio, la storia dalla parte dei giudici a quella dei giudicati, e le fonti - libri e manuali per giudicarli - trapassano dalla Biblioteca, dove li confina il comune sentire, all'Archivio dove si depositano gli atti e i giudizi sui processati.

L'archivio è il luogo dove si accumulano i processi e più in generale il luogo dove si depositano le tracce di persone, idee, pratiche che non hanno vinto la gara per entrare nel libro, deposito della memoria consapevole[3].

E la storia stessa dell'Inquisizione ci fornisce le coordinate della corretta trasmissione di strumenti e memorie attraverso i libri:

Come per altri aspetti della cultura e della pratica dei Tribunali e delle leggi, anche in questo specifico settore l'attrezzatura intellettuale necessaria al tribunale per il suo funzionamento ha circolato attraverso il libro: libri di Inquisitori scritti per trasmettere le loro idee, libri di teologi e di giuristi destinati all'analisi di determinati aspetti e problemi[4].

Se vogliamo cogliere il momento rivelatore che ci fotografa una realtà mentre è in funzione, dobbiamo scandagliare solo gli In-

[3] Prosperi (1998, 6).
[4] Prosperi (1998, 7).

ventari dell'Archivio e di quanto serba delle memorie dell'Ente produttore: è questa la fucina e l'*Arsenale* dell'Inquisitore.

Gli inventari sono quanto di più vicino ci sia alla fotografia nelle fonti di antico regime: ci mostrano arredi e attrezzi. Sono come la cornice, la descrizione dell'ambiente che ci è stato lasciato da chi se n'è andato o è morto e che un'altra presenza umana viva va a occupare[5].

Gli inventari dell'Inquisizione rientrano in tale categoria, a essa appartengono di diritto gli Inventari che ci sono pervenuti delle due Inquisizioni di Modena e Reggio[6], foto ingiallite e oscure di quel mondo che elencano fedelmente arredi, strumenti quasi come istantanee di pittura fiamminga dove nella penombra accanto a panche, mobilia si stagliano oscuramente anche gli attrezzi da tortura (di cui si specifica: *non usati da tempo*) e dove quei manuali così attentamente compulsati occupano il primo posto. A tali inventari compete un meritato rilievo, perché documenti e strumenti per l'ufficio. Le istruzioni impartite ordinavano di redigerlo con attenzione e in modo regolare ai fini di una corretta consegna al successivo Inquisitore ed anche per un'eventuale verifica esigibile dalla Congregazione di Roma all'occorrenza sull'effettivo contenuto; da essi si evince che, nella percezione degli utilizzatori, ai libri spettava il primo posto, prevalente sia sugli arredi sia sugli atti processuali. In entrambe le sedi Inquisitoriali di Modena e Reggio gli Inventari in parola confermano il possesso di quella che era la manualistica più accreditata del tempo, sempre afferenti

---

[5] Prosperi (1998, 10).
[6] Per Modena sono collocati in ASMo, *Inquisizione,* B.295 (f.III), *Inventari dell'Inquisizione di Modena*; per Reggio in ASMo, *Inquisizione,* b.284 Reggio (*1601, Liber inventariorum Sanctii Officii Regij*).

alla produzione editoriale del settore, però è attestato che anche altre sedi mostrano questa omogeneità culturale[7]:

- tra i libri in *folio*: la *Bibbia*, il *Locati*, il *Directorium Inquisitorum* dell'*Eymeric* curato dal Peña, il tratto *De haeresi* del Farinacci;

- tra quelli in -4°: la *Praxis Iudiciaria* del Locati, *De agnoscendis assertionibus* dell'Albertini,

- un *Indice dei Libri proibiti* e quello *dei libri da espurgare*, per quella che era un'altra attività peculiare dell'Istituzione, la censura libraria, l'altro aspetto della «professione» dell'Inquisitore.

Da questi inventari emerge un aspetto del lavoro inquisitorio a metà strada fra attività intellettuale e giudiziaria, fanno cogliere anche il progressivo arricchimento o depauperamento che subisce la piccola biblioteca dell'Inquisitore funzionale ai processi e quindi omologata in tutte le sedi periferiche. Colpisce anche il rapporto fra il dotto arsenale libresco e gli strumenti repressivi per la tortura, di cui quel sapere si serviva: il passaggio dalla stanza dei libri alle nude prigioni sembra condurci in una discesa agli Inferi dove il ruolo dell'Inquisitore non si sa se

si definisca per gli attrezzi di lettura o quelli di tortura. È evidente che la figura sociale dell'Inquisitore si definisca attraverso i suoi libri; ma da quei libri si passava alle domande che venivano formulate nella «sala a basso», davanti a quegli strumenti[8].

e, come annota Prosperi,

i libri dell'Inquisitore erano destinati a combattere e cancellare altri libri; le sue idee erano da imporre al posto di altre. Il suo luogo di lavoro era un fortili-

---

[7] Come riporta Prosperi (1998, 10) anche l'Inventario dell'Inquisizione di Pisa nel 1658 evidenzia questa analoga disposizione dei testi all'interno della sede.
[8] Prosperi (1998, 11).

zio, una torre di guardia per sorvegliare gli eventuali segni dell'avanzare della «peste ereticale[9]».

La realtà che descrive questi libri chiede di essere conosciuta meglio, e proprio gli Archivi come quello modenese, che hanno cristallizzato nella conservazione statale il *corpus* originario del tribunale dell'Inquisizione, ci fanno vedere la dicotomia fra '*Biblioteca*' dell'Inquisizione e '*Archivio*' dell'Inquisizione. L'Archivio ha conservato le filze degli incartamenti, i volumi dei processi, le lettere con la Congregazione romana (in una costellazione di microarchivi correlati con il corpo giudiziario); la biblioteca dell'Inquisitore invece i libri da consultare e da usare per il lavoro, ma anche quelli da occultare o quelli accumulati per effetto delle campagne antiereticali (sequestro e consegna), libri consultati e libri da seppellire (citati in lunghe note nelle *Lettere* da Roma).

Spesso il versante della ricerca storica di molti studi ci ha mostrato il tentativo di condurre coloro che venivano giudicati da quel tribunale - con i loro saperi, le loro culture e sempre con le loro sofferenze - dall'archivio alla Biblioteca ricercando negli atti e nelle filze, parole e scritti di quelle vittime e facendo irrompere una folla comune e dolente nei libri della storia, spezzando le barriere frapposte tra archivi e biblioteche. Dagli Inquisitori questo steccato era di fatto annullato, poiché i saperi librari erano posti al servizio di tutto ciò che doveva essere archiviato come traccia dell'attività dell'Istituzione. I libri quindi passavano dalla Biblioteca, funzionali al servizio, alla pratica dell'Archivio, come denotano gli Inventari delle stesse Biblioteche dei conventi che ospitavano le sedi dei tribunali, spesso impoverite di testi di magia, di esorcismo o demonologia che, seppurre non funzionali a istruire processi, a quei processi davano tanti apporti.

[9] Prosperi (1998, 11).

Le fonti archivistiche e gli Inventari

È stato accertato che l'Archivio del Fondo Inquisizione in ASMo, come ha ribadito Paolo Prodi[10] «rappresenta un unicum per la sua vastità e la sua organicità negli Archivi italiani al di fuori dell'Archivio del S. Ufficio... unico nel suo genere nella sua relativa integrità con quello veneziano esistente in Italia presso Istituti non religiosi» (G. Trenti). Oltre l'eccezionale globalità di un Archivio, che le note vicende storiche hanno consegnato allo Stato e alla sua provvida conservazione, si deve prendere atto che, proprio perché accentrato in un solo Istituto di conservazione e non smembrato, si può esaminare nella sua globalità, sia nella struttura del tribunale che nei prodotti della sua attività. Su questo Fondo archivistico sono stati fatti studi che hanno illuminato tanti aspetti della storia dell'Inquisizione a Modena e sull'importanza storica che riveste non solo a livello locale ma anche come specchio di una nuova visione dei rapporti e delle controversie tra Stato e Chiesa durante l'Antico regime. Gli studi di Albano Biondi, di Antonio Rotondò, di Giuseppe Trenti e tanti altri che negli ultimi anni si sono interessati del Fondo, ne hanno fatto emergere il valore come testimonianza unica, per ampiezza di tempo e ricchezza di materiale di una dialettica plurisecolare tra norma e trasgressione (d'immaginario, di pensiero, di comportamento) dove la trasgressione è spesso il nido delle libertà emergenti[11].

Tutta la documentazione rispecchia l'attività del tribunale nella sua lunga durata (secc. XVII-XVIII) e nella sua articolazione territoriale, in un complesso rapporto fra centro e periferia, interessante non solo il rapporto Modena-Roma, ma anche l'organizzazione periferica e capillare del tribunale. Nel contempo

---

[10] Prodi (2003, XVII) *Presentazione*, in Trenti (2003).
[11] Biondi A. (1982, 90).

è anche un osservatorio privilegiato per misurare la situazione degli Stati italiani nella prima età moderna e ci aiuta a comprendere «il sistema Italia come paese in cui l'Inquisizione rappresenta l'unico potere centrale ma non coincide con lo Stato» (P. Prodi). Per essa, vale l'opportuna ricostruzione storiografica fatta da Albano Biondi[12] in un suo articolo fondamentale e pioneristico nell'ambito della situazione modenese (e non solo), distribuendola secondo uno schema che ne riproduce fonti e strumenti utili alla sua conoscenza e chiarisce il flusso informativo fra la Sede centrale di Roma e un ufficio inquisitoriale locale.

Alla ricostruzione storiografica occorre accostare anche quella archivistica, come enuclea l'inventario del fondo in ASMo. Poi, alla diaspora subita nell'Ente di deposito di parte dei documenti disciolti in altre serie archivistiche si deve addebitare una lacuna nella considerazione del fondo dell'Inquisizione che ha portato all'oblio (ma per fortuna non alla perdita) di un tassello fondamentale della produzione di tanta documentazione: i manuali, i testi e i compendi redatti dagli Inquisitori, strumenti per l'uso confusi nella vasta letteratura sull'Inquisizione (con i testi sulla magia, sulla stregoneria, e altro), ma da studiare opportunamente come una fonte importante per ogni ricerca storica sul tribunale.

I manuali dovevano servire da guida pratica agli Inquisitori, erano la loro bussola nel complesso diritto inquisitoriale, rappresentavano «il distillato di conoscenza accumulatosi nell'ambito del diritto canonico, della tradizione e della prassi corrente[13]» e di certo, anche se non erano codici napoleonici né dirigevano il comportamento degli Inquisitori in ogni dettaglio, restavano dei vademecum sicuri per il loro carattere eminentemente pratico, per le

---

[12] Biondi, A. (1982, 89-90).
[13] Tedeschi (1987, 51).

tracce utili per affrontare gli innumerevoli problemi dell'indagine poliziesca e della formalizzazione burocratica del procedimento.

Nel fondo modenese la loro lacunosa conoscenza ha, di fatto, adombrato l'effettivo rilievo rivestito nella formulazione dei processi e ciò è da imputare al loro scorporamento dall'originario fondo archivistico di pertinenza e al loro discioglimento nella biblioteca dell'Archivio dovuta alla prassi ottocentesca di separare i materiali bibliografici incorporati nei fondi archivistici da quelli documentari; prassi discutibile, ma che in questo caso, ha consentito la conservazione dei materiali bibliografici nell'Istituto di conservazione, in una contiguità fisica e istituzionale con quelli documentari. Già il primo Inventario topografico della Biblioteca dell'Archivio di Stato nel 1877, redatto da Cesare Foucard, attesta il loro compatto ordinamento e i corrispettivi numeri di Inventario di questi testi[14] (segno che a quella data o forse prima erano già stati inglobati nella Biblioteca); il quale ordinamento risulta pure dai dati risultanti nell'Inventario archivistico databile ai primi dell'800 *Prospetto generale di tutte le filze, libri e fascicoli di scritture esistenti nel Reale Archivio Segreto*[15].

La coincidenza dei dati e la reale consistenza degli esemplari ci restituiscono il prezioso nucleo di questi manuali, pervenutoci quasi integralmente per darci una visuale completa della giurisprudenza inquisitoriale. Questi confortanti riscontri ci introducano a un tassello strutturale dell'intera impalcatura dell'Inquisizione: l'organizzazione degli archivi che proprio il fondo modenese esemplifica magistralmente nei suoi Inventari dal momento che

---

[14] Nell'Inventario topografico della Biblioteca dell'anno 1877 sono inventariati dal n. 542 al n. 552.

[15] ASMo, *A.S.E., Cancelleria Ducale, Archivio Ducale Segreto*, b.2/A (in Allegati).

l'efficacia di un'azione di contrapposizione all'eresia non poteva non fondar-si su un'efficiente sistema archivistico che consentisse di raccogliere dati, la cui fruibilità doveva essere indiscussa[16].

Gli Inventari archivistici del tribunale dell'Inquisizione di Modena

Poiché organizzare e tutelare l'archivio fu fra le primarie occu-pazioni delle novelle sedi Inquisitoriali, anzi uno dei compiti bu-rocratici dell'istituzione, si diede inizio già dai primi anni del sec. XVII (la nascita del tribunale delle due sedi risale al 1598) alla pratica di trasmettere, alla nomina di un nuovo Inquisitore, la consegna dell'Archivio e redigerne l'opportuno Inventario. Que-sta dinamica è illustrata per l'Archivio di Modena dagli Inventari redatti dai Padri Inquisitori di Modena[17], che ci confermano come la consegna dei libri del tribunale fosse sincronica a quella dei do-cumenti e dei fascicoli processuali, e da questa inscindibile, nella consapevole certezza che l'uno affiancasse l'altro. Già all'inizio dell'attività inquisitoriale a Modena intorno al 1300 esisteva una casa dell'Inquisitore presso il Convento di S. Domenico e quivi si documenta, oltre l'attività ordinaria, l'esistenza di un archivio sull'attività dell'istituzione. La conferma è data dal più antico dos-sier conservato dell'Inquisizione modenese, il *Liber B*[18] dell'anno 1368, dove si dà una prima descrizione dei materiali (poi confluiti nel fondo) e si riporta la notizia di un frate Inquisitore, Frate Egi-dio, che registra nel generale e deprecabile disordine dell'Archivio *«in scriniolo in quo sunt multi libri antiqui ad ipsum officium pertinentes»*. L'annotazione dell'anno 1368 ci conferma l'esistenza al tempo di *multi libri antiqui* di interesse inquisitoriale, che non erano necessa-

---

[16] Al Kalak M. (2005, 132).
[17] ASMo, *Inquisizione*, b. 295, f. III (1-5).
[18] Biondi A. (1982, 76).

riamente registri di inquisiti ma probabilmente manuali di procedura, una riprova già allora di un'attività inquisitoriale di lungo tempo.

In seguito, dopo questa prima testimonianza si registra un affievolirsi di testimonianze sull'attività inquisitoriale nel territorio – Modena avrà un Inquisitore generale solo dopo il 1598 con il trasferimento della capitale dello Stato da Ferrara a Modena – a tale data cominciano gli atti che documentano l'intensa attività inquisitoriale di Controriforma. La neo-eretta Inquisizione, stabilmente insediata nel Convento di S. Domenico, vede il primo Inquisitore, Giovanni da Montefalcone, attivarsi malgrado le difficoltà economiche, nei rapporti difficili con le autorità civili (come attestano le *Cronache* dello Spaccini) sia per dare dignità istituzionale al nuovo *S. Officio* con un corposo editto (stampato dal Verdi nel 1600) e non privare di cure l'Archivio, le cui scritture necessitavano di un qualche ordinamento.

Alle note del primo Inventario conservato in Archivio[19], probabilmente da lui redatto quando ne attuò la consegna al suo successore, F. Angelo Brizio da Cesena, *Inventarium scripturas et res S. Off. Mutinae,* egli annota i libri in uso nell'attività giudiziaria:

> Libri del S. Ufficio
> Il *Direttorio dell'Inqui.ri* (*Directorium Inquisitorum dell'Eymeric*)
> *Repertorium inquisitorum*
> Zanchini, *De haereticis* (ID., Tractatus aureus, Roma, 1579)
> Albertini Arnaldo, *De agnoscendis assertionibus* (Venezia, 1571)
> *Opus Iudiciale Inquisitorum* (Locati)

cui seguiva la serie delle lettere, scritture e documenti dei processi. Quanto la manualistica fosse da loro compulsata lo testi-

---

[19] Gli Inventari dei primi Inquisitori modenesi nel sec. XVII sono conservati nel Fondo ASMo, *Inquisizione*, b. 295, f. III (1-5).

monia una lettera del suddetto Giovanni da Monfalcone diretta a Roma del dicembre 1598[20] dove chiede lumi sul caso di un inquisito accusato di un rito stregonico, tal Celestino, dove nonostante «il gran tribolare, tra consulti con periti teologici e canonisti, scartabellamento dell'apparato testuale completo... l'Eimerico, il Pegna, il Locati, il Zanchino, il Campegio» non ci si era risolti a comminare la pena.

Però i capisaldi della struttura dottrinaria vi erano già tutti e ci sono pervenuti integralmente (tranne le opere di Zanchino Ugolino e Arnaldo Albertini) quali fonti di tutta la lunga attività degli Inquisitori a Modena. Anche nel più vasto e organico Inventario compilato per Padre Calbetti da *Angelo Brissio* si ritrova il nucleo portante di tutti gli Inventari successivi (ASMo, *Inquisizione, b.295, f.III/2*) in cui compare anche un *Indice vecchio di libri prohibiti stampato nell'anno 1565*.

Molto curato e minuzioso è l'*Inventario del P.Calbetti* compilato il 5 di aprile 1607: *Inventario delle robbe del Sant'officio di Modena cioè stanze, entrate utensili crediti debiti, libri, processi deposizioni...consignate iuridicamente nell'ingresso del suo Officio al molto Rev Padre f. Seraffino Borra da Brescia Inquisitore di Modena da me frt'Arcang.lo Calbetti da Recanati nella mia partita per l'Inquisizione di Piacenza*[21] in cui l'Ufficio appare costituito nella sua dignità di sede, locali e funzioni con un accurato elenco dei processi, la consueta lista di libri che apre l'elenco e dove, da parte sua, il Calbetti vi mostra la sua operosa attività annotando accanto ai testi ... *recuperato da me* ... *donato da me* ... apponendovi anche i sigilli dell'Ufficio quale ulteriore segno di possesso, per quelli che ormai erano considerati già beni istituzionali

Libri

---

[20] Biondi A. (1988, 66).
[21] ASMo, *Inquisizione*, b. 295, f. III/3, cc. 46 nn.

Directorium Inquisitorum
Zanchini De haereticis
Repertorium Inquis.rum ... recuperato da me
Opus Iudiciale Locati ... donato da me
Albertini de agnoscendis
Censura Molinei duplicata
Index librorum prohibitorum

Oltre all'infaticabile lavoro processuale il Calbetti avviò anche l'organizzazione di un vasto reticolo inquisitoriale che copriva con la struttura delle Vicarie tutto il territorio dello Stato e, vista l'acribia con cui apponeva sigilli ai testi del suo lavoro, gli si può ben attanagliare la definizione che «fu un ragno operoso e che a lui risale in sostanza la tessitura della rete inquisitoriale nella Diocesi di Modena» (A. Biondi)

Dagli Inventari suddetti si desume il nucleo storico dei testi inquisitoriali all'alba della costituzione della novella sede dell'Inquisizione a Modena, arricchito nel tempo con nuove edizioni di manuali, più attinenti ai bisogni processuali e alla tecnica inquisitoria e talvolta anche progressivamente depauperato forse dai passaggi dei tanti Inquisitori che nel corso del tempo si succedettero; accrescimento e perdite comuni a tutte le biblioteche nel corso degli anni e che acquistano un senso solo dalle registrazioni negli inventari. I molti manuali redatti successivamente e le nuove formulazioni giuridiche e dottrinarie accompagnarono *ad hoc* il lavoro degli Inquisitori che vi trovavano risposte e indirizzi al loro complesso lavoro, né sembra allontanarsi di molto da questo nucleo il *Prospetto generale di tutte le filze, libri e fascicoli di scritture esistenti nel Reale Archivio Segreto,* registro ottocentesco databile ai primi del sec. XIX che riporta l'elenco arricchito anche dei testi sopraggiunti con la soppressione dell'Inquisizione reggiana.

Gli inventari archivistici del tribunale dell'Inquisizione di Reggio

La sorte dell'Inquisizione modenese e delle sue carte a un certo momento della sua storia, precisamente nel 1780, si lega a quella del S. Uffizio di Reggio poiché, dopo la soppressione di quel tribunale, l'Archivio fu accorpato a quello di Modena con la fusione delle due giurisdizioni inquisitoriali, la nomina di un solo Inquisitore generale per le due città, Padre Giuseppe Orlandi, e come ci informano le cronache reggiane[22] «l'Inquisitoria fu trasportata a Modena nel luglio con tutte le carte e i libri a essa spettanti».

Anche a Reggio l'attività inquisitoriale risaliva al sec. XIII in coincidenza con l'insediamento dell'Ordine dei Domenicani; la prima data certa è attestata al 1509 quando fu istituito un tribunale competente sui territori di Parma e Reggio, poi nel 1564 il Duca Alfonso d'Este ottenne dal Papa Pio IV che tutti i suoi Stati (Reggio compresa) fossero sottoposti all'autorità dell'Inquisitore di Ferrara. Ma è il 1598 l'anno certo (come per Modena) di una svolta istituzionale, legata alla vicenda della devoluzione di Ferrara alla Sede apostolica e lo spostamento della capitale a Modena, fatto dirimente che portò le due citta, Modena e Reggio, a diventare sede di un proprio tribunale Inquisitoriale.

Come ricordano le tarde memorie del padre Inquisitore Agostino Ricci[23] si diede norma, luogo e dignità alla neo-eretta Inquisizione e al suo insediato tribunale, come era avvenuto nel territorio modenese: la *fabrica* che accoglieva la sede fu ampliata così come l'organico del nuovo tribunale (Vicari, patentati e familiari); nelle Vicarie e i vicariati della diocesi furono attivate congregazio-

---

[22] *Cronaca Rocca*, Biblioteca Municipale Reggio Emilia (MS), Rocca, G., *Continuazione della Storia di Reggio*, I fascic. *Dal 1742 al 1782,* sec.XVIII.
[23] *Narrativa dell'origine e stato degli Inquisitori quali dalla fondazione di questa Inquisizione di Reggio* (Manoscritti reggiani) nella Biblioteca Panizzi di Reggio Emilia.

ni foranee per ottenere un maggiore controllo sul territorio in collaborazione con il Vescovo. Non diversamente da Modena, la 'macchina' inquisitoriale partì e si attivò per annodare i fili che convogliavano a Roma la rete tessuta dai controlli periferici, coadiuvati dal clero soggetto al Vescovo, una tela di ragno il cui epicentro era sempre l'Urbe che aveva creato una struttura centralizzata e potente. Anche in questi primi anni di strutturazione dell'Ente colpisce il *dictat* imposto e rispettato di organizzare gli archivi, che diventavano un mezzo di controllo sull'ente sottoposto e sulle attività gestite (i processi). Grazie agli Inventari prodotti per lo scopo abbiamo una registrazione dei manuali tecnici compulsati dagli Inquisitori di Reggio, che ci dà esattamente l'idea della selezione degli strumenti usati nella risoluzione del processo giudiziario. Un documento conservato nel fondo Inquisizione dell'Archivio di Stato di Modena[24] registra quest'attento passaggio di consegne da un Inquisitore uscente al nuovo reggente e ci dà l'esatta registrazione della crescita e dispersione dei testi bibliografici prodotti in quegli anni per l'attività inquisitoriale, votata a un comune orientamento e da prassi consolidate nel tempo. Proprio da questi Inventari, analogamente a quanto accadeva a Modena, sembra che i primi decenni del '600 siano focali per questa pratica che vede l'istituzione prendere corpo e definizione (per Reggio la registrazione di tale prassi si attarda fino al 1688), mentre la sede modenese sembra veder affievolita la trascrizione del rituale burocratico alla prima metà del sec. XVII, tranne brevi note poste in calce agli Inventari di consegna. Poi col tempo furono consegnate al silenzio o forse non recepite con la stessa acribia queste pratiche finalizzate al buon funzionamento dell'Archivio. Eppure sono proprio questi Inventari a rivelarci che il nucleo bibliografico

---

[24] Gli inventari sono conservati in ASMo, *Inquisizione*, b, 284, 1601, *Liber inventariorum Sanctii Officii Regij*.

che si tramandano gli Inquisitori era rimasto quasi indenne fino a disciogliersi con la sua soppressione nel 1780, nel più vasto alveo della documentazione modenese e a lasciare una traccia indelebile con le sue *notte di libri* confuse nell'elencazione minuta degli arredi, delle vettovaglie e stoviglie accanto a documenti di processi e altri strumenti che corredavano cupamente l'Ufficio «alla corda con la sua girella per la tortura...due paia di ceppi di ferro con i suoi ordigni da serrare» e persino «robbe consumabili ...candele, legna grossa... e vino rosso buono»[25], una pedantesca elencazione di cose giacenti accanto a filze processuali portatrici di tanta dolente umanità, che proprio quelle *notte di libri* avevano contribuito a formare.

Dallo scandaglio delle fonti documentarie pervenuteci nel Fondo Inquisizione troviamo interessanti notizie circa le disposizioni imposte dalla Sacra Congregazione di Roma alle sedi periferiche, che davano le norme sulla formazione dell'Archivio. Infatti nel registro mss. di fine '500[26] *Risoluzioni della Sacra Congregat.ne in vari casi per il buon governo dei P.P. Inquis.ri circa il loro ufficio...* organizzato per voci alfabetiche estratte da lettere circolari della Sacra Congregazione indirizzate al tribunale di Modena - proposte come un insieme di norme dettate dall'Ente gerarchico superiore agli organi periferici, come moderne disposizioni di *back-office* - si danno direttive in merito all'organizzazione dell'Ufficio, alla sua contabilità, alla gestione amministrativa dei libri di spese. In queste norme troviamo la conferma di tale prescrizione, cui si deve la formazione nelle sedi di una piccola biblioteca funzionale al lavoro dell'Inquisitore a corredo dell'Archivio poiché strumento di lavoro; infatti alla *c.9r-v* ...si ribadisce che fra i fondi assegnati all'Ufficio (e assegnati alle sedi da Roma) non si tralascino quelli

---

[25] ASMo, *Inquisizione*, b. 284, *Inventario del 1688, c.34v.*
[26] ASMo, *Inquisizione*, b. 285.

destinati all'acquisto dei manuali utili alla professionalizzazione degli incaricati, imponendo di non trascurarli nell'Inventario e di trasmetterli al proprio successore[27].

c. 9r (30 settembre 1578)
... per i libri i quali si faccia Inventario e restino all'Inquisitore del luogo... duc.ti sei d'oro

Proprio a tali norme dobbiamo la strutturazione di un «scriniolo ricco di testi» come trascrivono fedelmente gli Inventari delle due sedi, testi che dovevano supportare e definire il lavoro dei giudici nelle fasi della loro attività processuale. Di fatto non ne potevano ignorare le regole e ne dovevano dare ragione alla Sacra Congregazione di Roma che ne esigeva una costante informazione; tali testi (come pure le disposizioni impartite con lettere e circolari) erano lo strumento di un'uniformità della procedura, sono in pratica la memoria dell'Istituzione nei suoi passaggi e la fotografia delle due sedi, degli uomini che quelle istituzioni abitarono e delle tracce del loro passaggio.

Per la sede di Reggio questo strumento è come abbiamo visto il citato *Liber inventariorum Sanctii officii Regij,* registro in pergamena di cc. 80 numerate, databile al sec. XVII, cha data il primo Inventario trascritto al 1601, anno del passaggio di consegne fra il primo Inquisitore di Reggio, Pietro Visconti di Tabià (1598) e il suo successore, Angelo Bucci di Vigole, e consta di due parti. È il primo Inventario fatto nell'Inquisizione di Reggio e riporta anche un sommario elenco dei processi nelle carte iniziali. Al 1688 hanno termine le annotazioni archivistiche sui libri dell'Inquisizione di Reggio che ci consegnano un folto drappello di manuali, arma-

---

[27] *Risoluzioni della sacra Congregatione in vari casi...*, c. 9v, *Spese dell'Inquisizione* (vedi Appendice documentaria).

mentario di tutto rispetto per la formazione degli Inquisitori. È probabile che abbia subito un depauperamento nel 1780 (circa un secolo dopo) alla morte dell'ultimo Inquisitore reggiano, quando l'Ufficio fu ridotto a Vicariato dell'Inquisizione modenese, a cui fu aggregato con consegna di atti e processi.

Si era già a conoscenza che alla soppressione della sede di Reggio le carte erano state inventariate per passare a Modena ma sull'effettivo accorpamento e sulla loro effettiva consistenza non vi sono dati certi. Dal punto di vista archivistico è stata riscontrata una scarsa consistenza di materiali per il periodo precedente all'annessione[28] e, talvolta, le carte si sono trovate mescolate alle modenesi. Come è stato osservato da Giuseppe Trenti.

Una siffatta operazione di integrazione potrebbe essere stata compiuta in effetti sia anteriormente alla soppressione definitiva del 1785 dallo stesso Ufficio ricevente sia posteriormente presso l'Archivio Estense ad opera del Loschi o di suoi incaricati.

Anche per i manuali in uso alle due sedi e poi confluiti in un alveo comune, tale situazione è registrata nel citato *Prospetto generale di tutte le filze, libri e fascicoli di scritture esistenti nel Reale Archivio Segreto*[29] descrizione esatta del nucleo bibliografico del Fondo Inquisizione nella sua completezza, costituito da libri, documenti, atti dei processi, registri di spesa, ovvero lo specchio dell'Istituto nel suo farsi e produrre storia. Poi in tempi successivi è avvenuto il discioglirsi della preziosa biblioteca degli Inquisitori in quella più vasta della novella Istituzione dell'Archivio di Stato all'alba dell'Unità d'Italia, che non ne offusca il valore storico e documentario e l'apporto che fornisce per conoscere gli strumenti culturali dei giudici dell'Inquisizione.

---

[28] Trenti (2003, 42).
[29] ASMo, *Archivio Segreto estense,* b. 2/A.

I manuali come fonti per la storia dell'Inquisizione

Nell'Archivio di Stato di Modena è conservato il fondo documentario più completo, che il tribunale dell'inquisizione locale ha prodotto in due secoli di attività (forse il fondo documentario più ricco d'Europa: 303 buste; delle quali 117 buste di processi dal 1489 al 1784.

Le fonti conservate che ci guidano a ricostruire la storia dell'istituzione ovvero il funzionamento del tribunale, sono editti, decreti, bolle papali che ne fondano la giurisdizione, ne stabiliscono campi e modi di intervento, contribuiscono a delineare i crimini perseguiti (fonti teologico-normative). Accanto a queste, altre fonti di conoscenza sono i manuali e le istruzioni per gli inquisitori, o *Prattiche*, che guidavano il personale dell'inquisizione all'espletamento dei propri compiti, in modo minuziosissimo e cavilloso.

Ma le fonti prodotte dall'istituzione nel corso dell'effettiva attività di controllo e repressione delle devianze sono soprattutto i processi che vedono come imputati eretici, streghe, bestemmiatori, ebrei e quanti altri di volta in volta (di epoca in epoca) l'istituzione ecclesiastica era chiamata a controllare in quanto dissenzienti. Invece i manuali sono fonti per la conoscenza dell'attività degli inquisitori, guide pratiche che si presentano sia come poderosi trattati giuridici, che come volumi più agili di pratica processuale oppure come libretti per i Vicari foranei dell'Inquisizione. Essi indicavano al lettore le linee secondo cui erano tenuti a muoversi i giudici locali della fede, il cui comportamento però si coglie soprattutto nei fascicoli processuali, nelle lettere e nella documentazione amministrativa.

La loro popolarità era testimoniata dalle ristampe, dal numero e dalla distribuzione geografica delle copie sopravvissute, dalle testimonianze di coloro che li usavano dall'appropriazione consapevole o no di parti di esse da parte di altri autori. E mentre alcuni di dubbia utilità furono stampati, altri di autori indiscussi resistettero a lungo e si diffusero nelle sedi provinciali in forma manoscritta (come la *Prattica del Cardinale Scaglia*) ma nessuno di essi fu mai elevato a rango di esposizione ufficiale ed esclusiva del diritto inquisitoriale, dal momento che le regole del funzionamento dell'Inquisizione non furono mai raccolte in nessun testo normativo ufficiale. Solo i manuali davano informazioni e norme procedurali, e come tali, venivano forniti e conservati nelle sedi ed entravano a far parte dell'archivio come strumenti di lavoro, mentre le lettere erano solo uno strumento per trasmettere ordini e regole superiori, anzi fu stabilito formalmente che l'opera dei tribunali fosse controllata da Roma con lo strumento della corrispondenza. Attraverso le lettere si fornivano agli Inquisitori istruzioni adeguate e, rispetto ai manuali, la loro differenza era nell'aderire concretamente ai problemi che si presentavano e nel mostrare il richiamo costante al dovere di obbedienza a Roma. Inoltre erano fornite anche raccolte sistematiche di documenti ufficiali - bolle, bandi, decreti e istruzioni della S. Congregazione o *decreta,* poi raccolti negli archivi dei tribunali periferici o pubblicati in appendice a manuali a stampa. Per quanto riguarda la procedura, ai testi a stampa si affidò l'impalcatura teologica e burocratica, mentre per la conduzione pratica del lavoro, i giudici si affidavano a decreti e costituzioni papali e istruzioni epistolari circolari o date caso per caso nei processi. Per quanto riguardava la forma letteraria furono pubblicati: a stampa i testi normativi fondamentali, e nelle sedi periferiche, gli editti con cui l'inquisitore entrava nelle sue funzioni e dava informazioni agli abitanti; invece nella sede di Roma, decreti e costituzioni papali di carattere generale; in forma manoscritta le istruzioni *o Instructio,* come quella importante sulla stregoneria, (poi stampata) o qualche manuale (come la citata *Pratica* dello Scaglia).

La formazione degli Inquisitori

Sul ruolo rivestito dagli Inquisitori esiste un'ampia documentazione, sappiamo infatti che si trattava per la maggior parte di domenicani, spesso laureati (diritto canonico e civile) e che fare l'Inquisitore era anche una carriera, quasi un passaggio obbligato per essere poi eletto Cardinale o Vescovo, ma non molto noti erano le questioni poste dall'effettivo uso del potere che facevano, di quali strumenti si servivano nella pratica per elaborare i loro giudizi e su come si articolava la loro attività (quella che li portava ad emettere sentenze e condanne). Di fatto il loro ruolo si è storicamente modificato mostrando le trasformazioni che il loro compito ebbe nelle varie epoche, in un contesto strutturale stabile. Le opere che fornivano il tessuto storico culturale di riferimento permettendo loro di orientarsi nella pratica quotidiana di lotta all'eresia furono essenzialmente: testi dei maestri medievali sulle eresie ristampati singolarmente o inseriti nelle grandi raccolte di *criminalia,* manuali di teoria e pratica dell'inquisizione, raccolte di decreti emanati dall'Inquisizione e più spesso pubblicati in appendice ai manuali inquisitoriali, ed anche storie generali di eresie.

I manuali per gli inquisitori, a cominciare dal *Directorium* di Eymeric (che ebbe nel corso di tre secoli più di 11 edizioni) e quelli secenteschi del Carena, sono opere generali scritte da inquisitori, consultori e qualificatori dell'Inquisizione, dove si spiegava chi poteva essere eletto inquisitore, quali erano i loro compiti e privilegi ed anche il ruolo delle figure che li affiancavano, quali erano le basi dell'ortodossia cattolica che essi erano chiamati a difendere, e i problemi legati allo svolgimento pratico del loro compito.

Di fatto gli Inquisitori, non uscenti da particolari scuole, imparavano il mestiere sul campo (talvolta iniziando come vicari), poi una volta eletti era loro consegnata una patente dalla Congregazione, raggiungevano la sede assegnata e pubblicavano un editto di fede, cominciando la loro attività. Inizialmente (fino al 1580) non godevano di effettiva autonomia giuridica, subivano l'influenza del Vescovo o dei loro vicari, anche finanziariamente e sul piano logistico dipendevano dal Convento che li ospitava e dagli ordinari che fornivano i luoghi per celebrare i processi, i cancellieri per redigere gli atti processuali e la polizia per eseguire arresti, perquisizioni. Anche le carceri furono per i primi tempi di proprietà vescovile, poi cominciarono a essere costruite dagli Inquisitori con i propri fondi (come risulta a Modena dagli atti dei lavori di ampliamento del Convento di S. Domenico ad opera del Calbetti che documentano l'attenta sorveglianza della Sacra Congregazione sulle spese). Altre qualità necessarie dell'Inquisitore erano (secondo il giurista Francisco Peña) la 'prudenza', quindi la conoscenza del dogma e delle eresie sia antiche che moderne, senza le quali non era possibile svolgere il proprio compito di persecuzione dell'eresia. Infatti il suo primo compito era perseguitare gli eretici nella vasta area geografica di sua competenza, attività di cui doveva dare a Roma dettagliate e frequenti rendiconti, ma anche altre forme di controllo delle idee che potevano sfociare in forma di devianza religiosa come quelle espresse nei libri; infatti l'attività di censura libraria fu parallela e intensa, pari a quella dei processi.

Alla base delle convinzioni degli Inquisitori vi era l'assunto che il loro compito era riportare alla corretta fede coloro che deviavano e, punendo un cristiano o riconciliandolo con la Chiesa, erano convinti di operare il necessario per salvare un'anima dal castigo divino (una sorveglianza a fin di bene come mostra l'affresco nel Convento di San Domenico a Bologna nell'Aula dell'Inquisitore: il cane che sorveglia il gregge di pecore e lo protegge dal leone-eresia).

Gli Inquisitori locali avevano gli obblighi imposti loro dalle disposizioni inviate per lettera dalla Sacra Congregazione ma non una prassi codificata da seguire, in quanto le norme le norme venivano dettate Roma. Non esisteva infatti nessuna istruzione organica e neppure un manuale ufficialmente avallato ma solo dei testi giuridici più o meno autorevoli, che finirono per costruire il *diritto inquisitorio*, e raccolte di ordini impartiti dalla Congregazione in seguito a richieste della singola Inquisizione (gli stessi manuali davano consigli e indicazioni sui poteri e compiti dell'Inquisitore).

Il sistema inquisitorio aveva bisogno di una regola unica, valida per tutti, dove si trovassero insieme tutti gli elementi indispensabili per la preparazione e l'attività dei suoi membri: non solo le definizioni della fede ma soprattutto i documenti papali da cui quel corpo di funzionari della dottrina traeva la sua identità; ed in aggiunta le istruzioni procedurali per redigere atti giuridicamente validi.

Tutta questa serie di cose la fornì il *Directorium Inquisitorum*, il maggiore fra i manuali inquisitoriali, la cui formula ebbe successo e rimase un modello valido anche per i tempi successivi, bisognoso solo di aggiornamenti (lo fece Peña).

Intorno a questo tronco maggiore proliferarono vaste ramificazioni (in quella che Prosperi definisce la 'selva della letteratura inquisitoriale' che ne specializzarono l'offerta per i vari livelli: manualetti in volgare per raccogliere denunzie e informazioni da parte dei vicari locali, informazioni sulle materie spettanti all'inquisizione per i corpi paralleli del clero pastorale come confessori e parroci, poderosi trattati latini per consultori e i qualificatori, trattati giuridici e medico-legali per gli specialisti del giure e della medicina che collaboravano col tribunale della fede, vere e proprie enciclopedie dedicate alle materie trattate dal tribunale, storiche e biografiche). Poiché col complicarsi ed estendersi della struttura si erano allargate le sue competenze, le materie dell'inquisizione non si limitarono più all'eresia come scelta consapevole di dissenso dottrinale ma si estesero in direzione delle altre forme di religione *off-limits* come la magia, gli incantesimi, la scienza degli spiriti: l'allargamento delle competenze comportò un conseguente allargamento della letteratura deputata e la descrizione dei delitti accompagnò anche quella delle procedure giudiziarie per trattarli nel tribunale.

Le forme letterarie dei manuali dell'Inquisizione romana

Il tribunale dell'Inquisizione romana fu una struttura giudiziaria centrale consistente in un'istituzione preposta alla difesa della fede per mezzo del diritto: la tutela dell'ortodossia avveniva, infatti, mediante uno specifico tipo di processo (*inquisitio haereticae pravitatis*) e dinanzi ad un apposito tribunale presieduto da giudici (inquisitori) specificatamente competenti a valutare l'esistenza e la gravità delle devianze ereticali degli imputati. La normazione e il commento alle leggi inquisitoriali non entrarono a far parte di alcuna aggiunta al *corpus iuris* (anche se a Roma dopo la seconda metà del secolo, il giurista Peña promosse quest'opera di aggiornamento) poiché le regole originarono non più dai Pontefici, ma da dettagliate istruzioni emanate dai tribunali centrali, dalla nuova manualistica e dalla corrispondenza periodica intrattenuta dal centro con gli uffici periferici. Poi in età moderna la persecuzione dell'eresia assunse caratteri specifici, ovvero, la centralizzazione e la gerarchizzazione dell'attività giudiziaria furono estese a tutta l'Italia come costruzione di un legame tra l'Inquisizione romana e un certo territorio, con una forte uniformazione normativa dell'agire dei giudici, che si muovevano senza che fosse lasciato loro troppo spazio per interpretazioni procedurali e con un lavoro di aggiornamento delle regole basato sull'esperienza e sulla casistica. Tale opera di aggiornamento si basava poi sui dati che arrivavano da tutta l'Italia alla Congregazione. La lotta alla devianza religiosa fu affidata ai tribunali dell'Inquisizione mentre ai Vescovi, che in passato avevano avuto una giurisdizione concorrente rispetto a quella degli Inquisitori, restò una competenza residuale per le aree geografiche prive di corte inquisitoriale; la normativa sull'operare dei giudici si fondava anche sull'esposizione delle regole adottate dal centro, grazie alle comunicazioni epistolari e ai manuali. Il controllo della Sacra Congregazione per assicurare l'uniformità della procedura era un controllo centralizzato e una guida unitaria per evitare che il controllo della fede s'indebolisse in tribunali periferici disorganizzati anche a causa delle situazioni politiche e sociali dei diversi territori; per il funzionamento dell'Inquisizione e del suo meccanismo giudiziario era necessario che ogni inquisitore conoscesse le regole di procedura per avviare e condurre quel particolare tipo di processo criminale. Le impostazioni processuali attuate dal brillante acume degli autori maggiori della trattatistica destinata agli Inquisitori crearono un *diritto processuale* comune alle corti inquisitoriali, poiché di fatto la procedura dell'Inquisizione romana non fece circolare alcun testo organico ufficiale

che selezionasse le norme emanate nel corso dei secoli e che decretasse quindi in modo autoritativo e vincolante quale fosse il diritto inquisitoriale di volta in volta vigente[30].

Fu questo il merito maggiore dell'efflorescenza di tante opere che fusero insieme le fonti più disparate, edificando un meccanismo processuale funzionale che consentisse ai Tribunali dell'Inquisizione di disporre di un *corpus* di regole preciso e uniforme in assenza di una dottrina normativa sistematica e facilmente conoscibile.

Come hanno evidenziato gli Inventari delle due Inquisizioni di Modena e Reggio e stralci delle lettere intercorrenti fra le due sedi periferiche e la Sacra Congregazione romana, ogni sede doveva provvedersi di testi «per esercitare l'offizio», e a tal fine venivano

---

[30] Errera (2010, 975-981) voce *Manuali per Inquisitori* in *Dizionario storico dell'Inquisizione*.

messi fondi a disposizione da parte della Congregazione di Roma «sei ducati d'oro[31]» con la raccomandazione di «farne inventario e trasmetterli al successore», proprio per il ruolo strumentale rivestito dai manuali nell'organizzazione dei processi. I manuali partendo dall'assemblaggio di testi biblici, patristici, disposizioni pontificie e pratica giudiziaria

sulla base di opere per inquisitori già esistenti... edificarono in modo graduale e interrotto un insieme armonico e funzionale di regole per consentire l'ordinato funzionamento dell'Inquisizione romana[32].

Già alla fine del XVI secolo erano stati redatti e utilizzati manuali di diritto processuale inquisitoriale che illustravano la specifica procedura giudiziaria che necessitava la lotta contro l'eresia. La stampa poi soccorse alla diffusione di queste opere in modo celere e uniforme né accelerò la diffusione tanto da far accantonare la forma manoscritta, che sopravvisse però per la propagazione di direttive e decreti pontifici e per la redazione di sinossi o manualetti compilati nelle sedi periferiche dagli Inquisitori a loro uso o consumo locale, come ha rivelato l'indagine condotta in alcune filze del Fondo dell'Inquisizione modenese[33].

Dopo l'emanazione della bolla *Licet ab initio* del 1542 furono ristampate da editori italiani per i giudici dell'Inquisizione romana, opere già pubblicate in area spagnola per i tribunali iberici, come *Adversus omnes haeres* di Alfonso de Castro (Venezia,1576) - in un Inventario della sede di Reggio - e il *Repertorium Inquisitorum haereticae pravitatis* (Venezia, 1575) posseduto da entrambe le sedi e fra i

---

[31] Lettera della Sacra Congregazione del 31 settembre 1578 in *Risoluzione di vari casi....*, *c. 9r* in ASMo, *Inquisizione*, B. 285.

[32] Errera (2000, 137).

[33] *Risoluzione della Sacra Congregazione in vari casi...* in ASMo, *Inquisizione*, b. 285; *Instructio di Francisco Peña...* in ASMo, *Inquisizione, Miscell.Reggio*, b. 300.

superstiti pervenutoci. Fu solo a partire dalla prima metà del sec. XVI, che si diede avvio alla compilazione di guide innovative per la prassi forense redatte per i nuovi Tribunali dell'Inquisizione romana, una nuova generazione di manuali con tecniche di redazione che rendevano il nuovo genere sempre più utile e pratico per i bisogni della prassi giudiziaria. L'avvio fu dato nel 1566 dalla *Lucerna Inquisitorum haereticae pravitatis* del domenicamo *Bernardus Comensis* e nel 1568 dalla stampa dell'*Opus quod Iudiciale Inquisitorum dicitur* di Umberto Locati, possedute da entrambe le sedi anche nella più aggiornata edizione della *Praxis Iudiciaria* rimasta nel Fondo.

La novità della compilazione, *dizionario per lemmi* e il ricorrere alla disposizione degli argomenti in ordine alfabetico per semplificare la successione degli istituti processuali, fu concepita in ordine alla facilitazione di una loro sicura e agevole individuazione all'interno del testo ed anche per una selezione immediata del caso occorrente, ovvero con una tecnica di redazione innovativa che aveva per obiettivo una guida per la pratica forense di facile consultabilità rispetto alla precedente manualistica. Fu proprio l'avvertita lacuna di manuali chiari e sistematici a ispirare nel 1578 la decisione di Francisco Peña (celebre canonista spagnolo, uditore e decano della Rota romana nonché consultore della Congregazione romana) a curare la riedizione e il commento del già basilare *Directorium Inquisitorum* di Nicolau Eymeric per riammodernarlo alla luce delle nuove disposizioni normative Vaticane e a dar vita alla *summa teologica* del diritto inquisitoriale del tempo. L'opera ebbe un grande successo editoriale comprovato dalle numerose edizioni, come attestano gli inventari delle due Inquisizioni di Modena e Reggio. La terza parte, riservata al diritto processuale inquisitoriale, è strutturata secondo lo stesso ordine di successione delle fasi della procedura per consentire ai giudici la loro connessione nell'ambito del processo, ma tutta l'opera è impostata per guidare i giudici con facilità nelle varie fasi della procedura, con l'individuazione dei passaggi e dei relativi adempimenti. Furono queste le ragioni che lo resero 'il manuale' per eccellenza, pur se onusto e carico di storia, senza però farlo assurgere al rango di compilazione riconosciuta dal potere papale come testo ufficiale e vincolante.

Una visione globale di quella che fu la produzione editoriale per gli Inquisitori ci consegna un panorama di trattati, repertori, *Specula, Lucerna, Directorium*, dove la proliferazione degli scritti e la loro affollata moltiplicazione palesa la tendenza di voler offrire agli Inquisitori una guida completa e affidabile che avesse per obiettivo la massima facilità di chiarezza nell'utilizzazione della prassi forense. La tendenza fu allora oltrepassare la parcellizzazione delle procedure, dove i singoli istituti processuali erano disposti in vario ordine alfabetico o meno, ma in cui la materia non era stata organizzata secondo la sequenza coerente di un processo giudiziario continuo e interrotto. Proprio per ottimizzare la semplificazione si strutturò il nuovo modello proposto dall'aggiornamento del Peña al *Directorium Inquisitorum dell'Eymer*ic che si era già imposto con autorevolezza.

In seguito il genere letterario del manuale inquisitoriale conobbe una parabola ascendente nel senso di un'evoluzione metodologica e di una facilitazione per l'uso, tale da giustificare la sperimentazione di nuove formule espositive, ricercate per la reale difficoltà di esercitare l'ufficio da parte di Inquisitori dalla cultura più teologica che forense, incapaci di districarsi nella massa imponente di fonti giuridiche concorrenti, ma tenuti a sottoporre sempre le proprie decisioni alla Sacra Congregazione romana, al cui occhiuto controllo niente doveva sfuggire e il cui *dictat* era l'uniformità dell'applicazione delle norme; espressione di una problematicità che segnava il ruolo di Inquisitore e minava di difficoltà il loro lavoro di 'esperti' del complicato diritto processuale che avrebbero dovuto applicare.

L'evoluzione: dai manuali ai compendi

Se lo scopo era agevolare la prassi giudiziaria ed evolvere verso strumenti pratici di istruzioni forensi, non si era però evitato di appesantire le opere inquisitoriali del sec. XVI con un'eccessiva mole di citazioni dottrinarie e allegazioni di *auctoritates* che straboccava dal testo, rendendo difficile enucleare la materia della specifica disciplina processuale di riferimento. Inoltre, da un punto di vista pratico, per l'uso abnorme di citazioni, testi sacri, frammenti della patristica e dottrina teologica le dimensioni dei testi eccedevano la norma rendendone anche disagevole la consultazione, mentre in virtù della pratica quotidiana ne era richiesta una pronta lettura. Da ciò non sembravano immuni neanche autorevoli esempi come il *Directorium inquisitorum,* troppo prolisso e voluminoso per la quotidiana e ordinaria attività processuale degli Inquisitori. Il corretto esercizio della loro attività giudiziaria, oberati da incarichi processuali onerosi, (nel '600 a Modena si registrano più di 2.700 fascicoli processuali) richiedeva manuali che in forma sintetica offrissero le cognizioni necessarie per condurre a buon fine il processo senza commettere errori di procedura.

A tal fine furono prodotte una serie di opere confezionate con il proposito di rispondere in modo chiaro e preciso alle necessità di conoscere gli istituti del processo inquisitoriale, prive di dettagliati riferimenti legislativi o prolisse citazioni dottrinali: ovvero succinti opuscoli che il giudice poteva consultare *seduta stante* senza perdersi in una ridda di citazioni normative e dottrinarie. Fu un punto di svolta che segnò la nascita di una nuova metodologia di redazione, prototipo di un riuscito modello di 'opere per inquisitori', tutte caratterizzate dalla penuria di citazioni e da una spiccata vocazione alla pratica giudiziaria. In tale alveo di opere non gravate da una massiccia allegazione di fonti, si colloca l'*Introductio seu praxis inquisitorum* di Francisco Peña, redatta dall'autore in forma manoscritta e incompleta nel 1605, poi in seguito arricchita e commentata a stampa dal Carena nel 1655 all'interno del suo *Tractatus de Officio S. Inquisitionis,* opera che ebbe una certa diffusione nelle sedi periferiche (come dimostra il breve opuscolo manoscritto rilegato ritrovato nel fondo dell'Inquisizione reggiana[34], ancora più espurgato da citazioni dottrinarie e da riferimenti intratestuali rispetto all'opera originaria, segno di quanto fosse cogente la necessità oggettiva di semplificazione delle norme nella gestione dei processi. Questo genere nuovo – di breve e facile manuale (o compendio) di procedura per facilitare la prassi inquisitoriale, disponendo gli argomenti in modo piano e scorrevole, senza pesanti citazioni dottrinali – trovò la sua affermazione trionfante nel più compulsato e felice esempio di questa stagione, il *Sacro Arsenale* di Eliseo Masini (del 1621), stampato successivamente in altre 10 edizioni fino al 1730, che lo resero l'*output* emergente e il capofila indiscusso della nuova manualistica inquisitoriale o come felicemente osserva Prosperi[35] «un albero di quella vasta e fitta selva che fu la letteratura Inquisitoriale».

Anche nelle due sedi dell'Inquisizione di Modena e Reggio ne circolarono più copie (in due differenti edizioni) a testimoniare che il volume offriva un prontuario per il disbrigo delle materie d'ufficio nella lingua di uso comune, il 'volgare', ad una folta burocrazia che non sempre aveva dimestichezza con il latino curiale.

Il nome 'Arsenale' evocava l'immagine dantesca di un luogo di intenso e continuo lavoro, un deposito di strumenti di importanza strategica: e il manuale del Masini si apriva proprio con la chiara enunciazione di quali fossero le categorie dei nemici contro i quali operava il tribunale[36].

---

[34] ASMo, *Inquisizione*, B.300 (*Miscellanea Reggio*).
[35] Prosperi (1998, 8).
[36] Prosperi (1998, 8).

L'opera del Masini fu quella che più di ogni altra si impose per la sua struttura chiara, rigorosa e schematica: un modello ideale per la successiva manualistica inquisitoriale.

La prima metà del sec. XVI incentrò il proprio focus su due prototipi editoriali (e quindi su due generi letterari):

a) succinti manuali orientati a perseguire la semplificazione delle poderose trattazioni del passato mediante l'evidenziazione degli elementi procedurali essenziali, proposti in una forma organica ed essenziale (*Sacro Arsenale*);

b) imponenti opere generali dove l'autore si effondeva e riproduceva stralci delle opere precedenti senza proporsi una sintesi bensì un'estesa e completa trattazione di quanto nel passato era stato acquisito sul tema, come il *Tractatus de Officio Sanctissimae Inquisitionis* di Cesare Carena del 1636 (dagli inventari risulta che era in uso alla sede di Reggio ma non ci è pervenuto).

Di certo la produzione di questi manuali e il loro stesso concetto sembra adattarsi adeguatamente solo ai compendi pensati per la prassi, battezzati appropriatamente dagli autori con nomi rispondenti alla funzione *Fundamentum, Introductio, Praxis, Instructio, Prattica...* mentre ai voluminosi lavori generali era dato l'opportuno nome di *Tractatus*. L'esistenza di tale produzione pensata più per l'uso che per la teoria, fa capire che rispondeva alla necessità della pratica del diritto ormai avvertita dagli utilizzatori del prodotto 'manuale' piuttosto come 'istruzioni per l'uso', esigenza funzionale che segna l'apogeo del modello 'compendio' quale schema paradigmatico e tipico del manuale per Inquisitore diffuso capillarmente in tutti i tribunali periferici dell'Inquisizione e talvolta autogestito in sede da diligenti ma anonimi funzionari, in brevi compendi manoscritti che da quelle sedi non uscirono. Poi, questo fervore produttivo di generi e di nuove formule di manuali per Inquisitori nel sec. XVIII si avviò a un lento declino legato alla modesta e fisiologica limitazione dell'attività istituzionale dei tribunali, chiamati a combattere contro l'eresia, diventato scheleto evanescente nell'Italia dei lumi, fattore che determinò la sensibile diminuzione, sia dei testi preposti a questa lotta, che di personale da formare a tal fine. La produzione editoriale puntò allora a ristampe di output di grido (come il *Sacro Arsenale* che conobbe anche edizioni settecentesche); poi con la soppressione delle sedi dei tribunali periferici, in virtù dell'iniziativa dei Sovrani dei vari Stati italiani, che componevano la frastagliata geografia politica dell'Italia del tempo, fu sancita la definitiva consacrazione dell'Inquisizione a fossile e, per molte sedi, si attuò la dispersione dei materiali e dei prodotti di quell'attività.

Alla fine del suo percorso, la manualistica inquisitoriale nata per semplificare la poderosa trattatistica dottrinale si poneva all'ultimo stadio della sua evoluzione come il manuale o meglio 'compendio', destinato a facilitare il lavoro giudiziario degli Inquisitori in una forma letteraria più agile e snella che ne consacrò lo stile prima della soppressione della stessa Istituzione, ma nessun compendio o manuale raggiunse lo status di guida o manuale ufficiale pienamente autorevole e riconosciuto nel campo del diritto inquisitoriale.

Iter della manualistica

Di fatto i generi letterari emergenti furono i manuali per la prassi e trattazioni generali d'indole dottrinale; invece nel corso del sec. XVII rimase inalterata l'antitesi tra manuali pratici e trattati di caratteri generale, confermando due metodologie riguardanti il diverso modo di affrontare il processo inquisitoriale: la prima, sintetici compendi per la prassi (per soddisfare l'esigenza di praticità), l'altra, che privilegiava voluminosi tomi di dotte citazioni per legittimare scientificamente la materia inquisitoriale.

Nei testi prodotti sul processo inquisitoriale furono usate molteplici tecniche per ottenere una esposizione razionale degli argomenti: elenchi alfabetici di lemmi, opere impostate sull'analitica descrizione delle fasi di articolazione del meccanismo processuale, oppure opere che esponevano regole fondamentali del processo ma anche prontuari formati per raccogliere le peculiarità connesse all'uso del foro locale.

Di fatto le prescrizioni contenute nelle bolle papali erano generiche e prive di una guida per il giudice nella concreta conduzione del processo; e mentre si accumulavano le fonti per desumere la disciplina (passi biblici, opere teologiche, testi patristici), fu invece assente una riflessione scientifica uniforme che si servisse di una metodologia unitaria.

L'iter della manualistica tra '500-'600 si articolò in un *iter* dove si presentarono agli interpreti che si muovevano in un disorganico insieme di disposizioni due difficoltà:

1) individuare la metodologia più adatta per organizzare la materia processuale, per cui nacquero generi diversi: repertori alfabetici di lemmi, prontuari che analizzavano gli argomenti senza curarsi di collocarli nella procedura, manuali che articolavano la trattazione secondo l'ordine delle fasi procedurali,

2) trovare un fondamento di legittimità alle regole processuali, ma, in mancanza di precise disposizioni papali, l'impossibilità di ricorrere a semplici rinvii alla normativa fece sorgere l'esigenza di appellarsi a fonti autorevoli per sostenere le affermazioni degli autori trattati.

Ciò comportò un aumento smisurato della mole dei trattati, fattore che in seguito portò al declino di opere erudite di certo complesse ma prive di utilità pratica e didattica; di conseguenza ci si orientò per la compilazione di manuali brevi, privi di allegazioni, più utili per le esigenze della pratica processuale. Perciò la continua sperimentazione di tecniche fu un'espressione del tentativo degli autori di giungere a una descrizione razionale della struttura del processo e di conseguenza, in assenza di un apparato legislativo e in mancanza di una scuola in grado di elaborare una scienza giuridica uniforme, furono i manuali a creare un diritto processuale comune alle corti inquisitoriali.

Nella totale assenza di un corpo di disposizioni normative dove fosse fissato in modo certo l'insieme di regole che gli inquisitori dovevano rispettare nella repressione dell'eresia, il diritto inquisitoriale ufficiale consisteva esclusivamente in poche e solenni affermazioni generali espresse in *Decretali* da cui non si poteva dedurre come quei precetti potevano essere tradotti in pratica.

Le opere stesse contribuivano a tracciare un'impostazione del giudizio inquisitoriale da sottoporre ai giudici per supplire alle lacune legislative, ad es. dove la disposizione pontificia decretava genericamente la condanna di una specifica dottrina eretica, spettava poi ai manuali descrivere dettagliatamente le caratteristiche di quella dottrina per consentire agli inquisitori di riconoscere gli indizi esteriori dell'eresia e di procedere alla repressione. Altrettanto non si trovava nelle *Decretali* una particolareggiata regolamentazione delle modalità del procedimento inquisitoriale, della progressione dell'attività istruttoria, del modo di condurre gli interrogatori, dei gradi della tortura, dei tipi di sentenze e tante altre regole processuali, che si potevano rintracciare solo nella manualistica, essendo assente una previsione normativa.

Cronologicamente sono state individuate due tipologie di trattazioni di manuali: nel sec. XVI si compilarono complesse e voluminose trattazioni, nelle quali i profili di diritto processuale si accompagnarono a estese trattazioni dedicate alla definizione di eresia e alla descrizione di possibili tipi di eretici. Invece, nella prima metà del sec. XVII, si ricorse diffusamente alla semplificazione e, a manuali concepiti per illustrare la tecnica processuale inquisitoriale con la descrizione di tutti gli aspetti connessi al funzionamento dei tribunali. La forma a stampa, che aveva privilegiato i manuali del '500, si accompagnò nel '600 anche alla circolazione di manuali in forma manoscritta che ebbero una vasta diffusione nei tribunali (come la *Prattica del Cardinale Scaglia*).

Loro indiscutibile pregio fu l'aver plasmato le fonti più diverse per consentire un '*vademecum* per l'uso' ai Tribunali, disponendo di un corpo di regole precise, dettagliate e uniformi e mancando un vero corpo normativo sistematico e ufficiale; l'assunto principale è che furono compilati per illustrare le tappe della procedura e mostrarne il corretto svolgimento, per indicare la forma degli atti che il giudice doveva stilare, teorizzando così un diritto processuale comune alle corti inquisitoriali. Punti deboli della loro struttura furono la mole eccessiva di citazioni di *auctoritates* da sovrastare il testo e rendere difficile individuare la specifica disciplina procedurale; mentre per il lavoro degli inquisitori era necessario che fossero di facile e pronta consultazione.

Panorama dei Manuali a stampa del tribunale dell'Inquisizione di Modena e Reggio

Si può sommariamente attuare una suddivisione della manualistica inquisitoriale in due 'macro tipologie', la cui forma letteraria non è un discrimine ma solo una scelta dettata da esigenze pratiche, ovvero fra forma manoscritta e a stampa. La prima fu prodotta in loco *ad usum fori* nelle diverse sedi, talvolta circolante fra le stesse, oppure più massivamente fu inviata dalla Sacra Congregazione di Roma alle sedi decentrate per determinarne una capillare diffusione (date le norme cogenti che dettava), come le note *Prattiche*.

Alla prima area - manuali in forma manoscritta - vanno ascritti:

a) manuali prodotti dalla Sacra Congregazione di Roma e diffusi nelle sedi coma la *Pratica per procedere nelle cause...*

b) ancora manualetti *ad usum fori* per esemplificare le norme imposte da Roma e la casistica pratica come i compendi prodotti in loco (nella sede di Modena le *Risolutioni della Sacra Congregazione in vari casi* e nella sede di Reggio l'*Instructio seu praxis Inquisitorum*)

Alla seconda tipologia, a stampa, sono da riportare:

a) manuali che si orientano in funzione della comunicazione e all'attività degli addetti ai lavori, vicari e inquisitori preposti con diverse responsabilità alla lotta delle devianze e all'eresia, in cui la stessa scelta linguistica (il volgare) orienta la facilitazione d'uso

b) manuali per vicari, come la *Breve informatione del modo di trattare le cause del S.Officio* e le *Regole* del Menghini

c) manuali per inquisitori, vera ossatura ideologica portante della procedura.

Il fortunato genere di manuali per Inquisitori conobbe una proliferazione pari alla richiesta, e le successive riedizioni delle opere più famose, spesso arricchite da insigni canonici (domenicani di ampie conoscenze teologiche e dottrinarie) con scolii, chiose e commenti giuridici ne segnarono l'arricchimento e l'ammodernamento rispetto alle edizioni precedenti. Non a caso negli Inventari delle sedi dell'Inquisizione modenese e reggiana compaiono, talvolta dello stesso manuale, più edizioni (Locati, Masini, Peña), indice del loro successo e delle risposte che davano alle immediate e pressanti richieste sollevate dall'attività forense degli Inquisitori. Il significativo e compatto drappello dei manuali (come risulta dagli Inventari archivistici) ci mostra lo sviluppo della manualistica inquisitoriale, dalle prime *auctoritates* fino al più completo sviluppo del genere. Negli inventari figurano opere come:

Repertorium Inquisitorum pravitatis haereticae.... correctionibus et annotationibus ...Quintiliani mandosii ac Petri Vendrameni decoratum et auctum / Venetiis, apud Damianum Zinarum, 1575.

L'opera, che rappresenta il primo tentativo di compiere una trattazione complessiva e facilmente consultabile del diritto inquisitoriale, consiste in una serie di lemmi ordinati alfabeticamente (da *Abiuratio* a *Zizania*) attinenti non solo al diritto processuale. La sua prima edizione manoscritta è in un incunabolo edito nel 1494 a Valencia poi in seguito emendata da Miguel Alberti, che ne curò la pubblicazione per realizzare il più antico prontuario a stampa dell'Inquisizione. In seguito, i giuristi italiani Pietro Vendramin e Quintiliano Mandosio ne curarono nel 1575 a Venezia una nuova edizione – posseduta da ASMo – corredata di *Additiones* con riferimenti alle fonti e con ulteriori allegazioni di autorità. Tuttavia non offriva al lettore un quadro coerente dell'attività inquisitoriale e delle sue fasi, poiché la procedura era frammentata in diversi lemmi alfabetici che rendevano arduo ricostruire il processo inquisitoriale nelle sue fasi. Di certo si proponeva come alternativa al più complesso e monumentale trattato inquisitoriale del tempo, il *Directorium Inquisitorum* dell'Eymeric, ed il suo autore, optando per un criterio espositivo (quello alfabetico) più agevole per la consultazione del testo, si incuneava in una tradizione dottrinale che aveva preferito cimentarsi con 'dizionari', dando origine a un genere autonomo e autorevole di lemmari di procedura inquisitoriale.

*Directorium Inquisitorum..../*F.Nicolau Eymeric... *cum commentariis Francisci Penae/* Venetiis, apud Marcum Zalterium, 1595.

È stato definito il trattato più sistematico e complesso che la letteratura inquisitoriale abbia prodotto poiché assembla in un solo tomo una vasta congerie di disposizioni, bolle, decreti, canoni. L'opera era composta di tre parti (solo l'ultima era riservata al processo): la 1ᵃ definisce i fondamenti della fede e commenta i testi patristici, pontifici; la 2ᵃ concerne la nozione di eresia e le diverse forme di eresie e l'esame dei testi pontifici che regolano la difesa dell'ortodossia, la 3ᵃ è la descrizione del processo inquisitoriale, di cui sono descritti i passaggi con l'aggiunta di un corredo di formule per redigere gli atti processuali.

A questo che era il corpus dottrinario dell'opera, trattato medievale fra i più accreditati, per sancirne la validità, si applicò verso la metà del '500 il giurista spagnolo Francisco Peña, che ne curò l'edizione a stampa e l'arricchì con i propri commenti. La sua edizione teneva conto del nuovo clima dell'attività dell'Inquisizione romana, dei cambiamenti della procedura e di un aggiornamento delle novità da un punto di vista teologico e giuridico. Il suo lavoro precipuo fu di approntare una serie di *scholia* che, come chiose, commentavano e aggiornavano i vari passi dell'Eymeric ormai sorpassati, con citazioni dottrinali, documenti patristici e dottrina giuridica. Alla prima fortunata edizione (1578) ne seguì una seconda (1585); gli scholia erano diventati commentari, collocati dopo i rispettivi passi del *Directorium*, alla fine seguiva un trattatello finale sul valore di norme antiereticali non inserite in raccolte ufficiali di decretali. Fu la veste definitiva che vide quattro successive edizioni veneziane (dal 1595 in poi); quella posseduta da ASMo è datata a quest'anno, ultima di un fortunato successo editoriale che ne sanciva, per gli Inquisitori del tempo, la validità. La sua vera innovazione fu nel taglio giuridico, nell'organizzazione della materia che permetteva di conoscere non solo i singoli elementi del processo inquisitoriale ma il loro concatenarsi nelle fasi del processo e nel corredo di formule per la compilazione degli atti dovuti. Se a tutto questo aggiungiamo che i *commentaria* del Peña garantivano anche un aggiornamento ed attestavano la conformità delle regole esposte alle recenti norme pontificie e alla prassi osservata dalla Sacra Congregazione romana, la miscela del successo era assicurata e fu, non a caso, considerato dai contemporanei la summa dei manuali inquisitoriali. In effetti, l'opera propose i requisiti di un efficace manuale di procedura, arricchito da modelli di atti giudiziari, riferimenti alle novità normative e indicazioni della prassi osservata dalla Congregazione e si pose da subito come paradigma autorevole e dominatore incontrastato nell'editoria della manualistica inquisitoriale alla fine del '600.

Lucerna Inquisitorum haereticae pravitatis / Bernardi Comensis...et eiusdem *Tractaus de strigibus* cum annotationibus Francisci Pegnae / Romae, ex officina Bartholomaei Grassi, 1584.

L'opera fu pubblicata per la prima volta nel 1566 a Milano e l'autore, Bernardo da Como (o Bernardino Rategno), Inquisitore attivo a Como dal 1505 fino al 1510 (presumibile anno di morte), pubblicò anche un altro trattatello *Tractatus de strigiis,* cui deve la sua reputazione di spietato persecutore di streghe. Proprio in questo trattato egli riecheggia temi cari al principale trattato medievale contro la stregoneria *Malleus Maleficarum* e riprende tutti gli argomenti che avevano infiammato le persecuzioni contro le streghe e i loro malefici, arrivando a sostenere che anche al sabba (esoterico rito collettivo di congiunzione col diavolo) esse partecipavano fisicamente e non in modo illusorio, quindi data la gravità del reato bisognava abbandonare le misure precauzionali e applicare le pene con severità. Invece nella *Lucerna Inquisitorum* è adottata un'organizzazione per lemmi disposti in ordine alfabetico che trattano tutte le questioni relative al processo inquisitoriale suffragando la spiegazione con ampie citazioni dottrinali, creando in pratica un prontuario che offrisse di volta in volta spiegazioni e risposte all'esigenza dell'Inquisitore di conoscere gli aspetti connessi alla proceduta. L'opera difettava di una trattazione organica del processo e come tale non costituiva un trattato, ma il genere 'dizionario' - composto per la prima volta da un autore italiano, che dispone il diritto inquisitoriale per ordine alfabetico - si codifica come vera innovazione nel campo della manualistica inquisitoriale. Proprio perché viziato da lacune e inadatto alla mutata stagione dell'Inquisizione romana dopo il 1542, il famoso canonista spagnolo Francisco Peña ne aggiornò e ne curò una sua riedizione nel 1584 (è l'edizione posseduta da ASMo) che arricchì con annotazioni che miravano soprattutto ad aggiornare i lemmi del Rategno riportandovi alcune modifiche procedurali avvenute nel frattempo.

Praxis Iudiciaria Inquisitorum / F. Umberti Locati Placentini... editio secunda multis in locis ab eodem auctore aucta.../Venetiis, apud Damianum Zemarium, 1583.

Le opere del Locati, anche nelle prima fortunata edizione – *Opus quod Iudiciale Inquisitorum dicitur* (Roma, 1568) – furono possedute da entrambe le sedi di Modena e Reggio, come attestano gli Inventari, poichè opere di importanza notevole nella manualistica del tempo. L'opera del Locati, commissario generale del S. Offizio a Roma e prima Inquisitore a Piacenza, ripropone un modello espositivo di temi ordinati alfabeticamente per suddividere la materia, che con Locati conosce una felice stagione, proponendosi come modello di assoluta praticità. La sua è, infatti, un'opera essenzialmente pratica concepita specificamente per le attività dell'Inquisizione romana, che nelle intenzioni dell'autore doveva offrire una trattazione esaustiva della procedura inquisitoriale. A tale scopo, si avvaleva di quattro generi letterari: a) un repertorio alfabetico di temi rilevanti per l'Inquisitore, b) un elenco di *quaestiones* ricorrente nei giudizi, c) una serie di esami di processi istruiti dallo stesso Locati, alcuni a Roma e ivi giudicati, altri risolti presso il tribunale di Piacenza, d) un formulario per la redazione corretta degli atti giudiziari da parte degli Inquisitori. Anche se l'opera trattava la materia con dovizia di allegati e citazioni di fonti dottrinarie, la varietà delle forme letterarie adoperate disperdeva l'articolato processo inquisitoriale e lo frammentava poiché non era concepito come un manuale unitario, inoltre mostravano il limite di tanta trattatistica inquisitoriale ovvero la difficoltà di reperire facilmente nella vasta mole e congerie di scritti, la specifica norma processuale di cui gli Inquisitori avevano bisogno in ogni momento della procedura. La *Praxis iudiciaria* del 1583 era un aggiornamento dell'*Opus quod Iudiciale...* anzi fu una riproposta dell'editoria veneziana; infatti, già nell'edizione del 1570 vi erano stati aggiunti quaranta lemmi, con altre *quaestiones*, ed altri undici decreti emanati dal S. Ufficio fino alla data di edizione (1570). In quest'aggiornamento della *Praxis* vi furono aggiunti altri pochi lemmi e altri undici casi (ovvero posizioni giudiziarie rispetto alla recidiva e alla penitenza), e in tale veste fu accolta con favore dai contemporanei, tanto da influenzare i caratteri futuri del genere letterario che illustrava. Se qualche appunto era da farsi, era dovuto alla sua scarsa consultabilità ed anche alla frammentaria organizzazione della vasta materia, per cui anche al tempo fu preferita la consultazione di più felici modelli editoriali che allora andavano nascendo e che avevano il pregio di affrontare la materia in maniera parallela rispetto alle fasi della procedura inquisitoriale (come il *Directorium* dell'Eymeric commentato dal Peña).

Sacro Arsenale overo Pratica dell'Officio della Santa Inquisitione/ di nuovo corretto & ampliato (nella dedica: *F. Eliseo Masini* da Bologna) / in Genova & in Perugia, nella stampa camerale appresso Sebastiano Zecchini, 1653. Altra edizione posseduta: *Sacro Arsenale ovvero prattica dell'Offizio della Santa Inquisizione* con l'insertione d'alcune regole fatte dal *P. Inquisitore Tomaso Menghini* Domenicano e di diverse annotationi del Dottore Gio: Pasqualone... in Roma & in Bologna, 1716, per il Longhi.

Le notizie biografiche sul suo autore Eliseo Masini, domenicano bolognese, sono scarse: è accertato che fu Inquisitore in diverse sedi dal 1609 al 1627. Dalla sua attività di giudice il Masini trasse ispirazione per compilare quello che rimase per molto tempo il solo manuale in volgare destinato ai giudici dell'Inquisizione, anzi per quella che da subito si propose ai contemporanei come un'utile guida pratica per giudicare *l'eretica pravità* e per fornire un'analisi precisa di tutte le procedure necessarie quando espletavano un atto giudiziario. Il suo successo fu immediato perché nella sua versione di 'vademecum d'ufficio', privo del pesante corredo di citazioni bibliche e teologiche, andava a colmare un vuoto editoriale. L'opera del Masini partendo da fonti diverse articolò i frammenti più significativi estratti dalle opere altrui per costruire un compendio organico e funzionale. Il problema della stregoneria, tema caldo e attuale in tanti manuali del tempo, fu diffusamente trattato nella 2ª edizione dell'opera (1625) dove fu introdotta, senza citarne la fonte, la traduzione in volgare dal latino di un documento inquisitoriale, che circolava manoscritto già da alcuni anni, *Instructio pro formandis processibus in causis strigum*: breve guida pratica di grande moderazione e sapere giuridico, assemblata in ambiente romano (forse da Desiderio Scaglia) per contrastare la credulità nel sabba e per frenare gli abusi dei giudici e degli esorcisti. Fu questa la prima redazione a stampa delle istruzioni sulla stregoneria fornite dalla Sacra Congregazione, che prima circolavano solo in forma manoscritta, e in tale versione, corredata dalle illuminate tesi romane, l'opera ebbe molte ristampe (questa in ASMo del 1653 fu stampata a Genova e Perugia).

Successivamente Tommaso Menghini (successore del Masini all'Inquisizione di Ancona) inserì nel testo alcune *Regole* della sua opera e in più le annotazioni dell'avvocato fiscale dell'Inquisizione Giovanni Pasqualone, ed anche in questa versione l'opera ebbe numerose ristampe che si attardano fino agli inizi del '700 (in ASMo si attesta anche quella del 1716). Il merito principale dell'opera del Masini è di aver coniugato brevità e sintesi, che si dovevano necessariamente articolare in un compendio rivolto alla prassi, e inoltre di avere innovato sul piano linguistico con l'uso del volgare, che si andava affermando sempre più nei Tribunali dell'Inquisizione come la lingua della pratica, e di aver creato un prototipo ideale di manuale rivolto agli Inquisitori con

caratteristiche di coincisione e semplicità insieme all'intuitivo ordine di esposizione (impostato sullo svolgimento del processo) e alla presenza di un esauriente formulario degli atti giudiziari [che] consentirono al *Sacro Arsenale* di offrire una trama che guidasse l'operato degli Inquisitori al punto da imporsi come un testo fondamentale della prassi[37].

Prosperi Farinacii / Tractatus de haeresi... Romae, ex tipographia Andreae Phei, 1616

La fama di Prospero Farinacci (1544-1618), discusso giurista romano dalla vita avventurosa, è legata all'opera *Tractatus de haeresi,* la prima opera che nel sec. XVII affronta globalmente tutte le questioni sollevate dalla lotta antiereticale. È un volume poderoso ultima parte di un'opera più vasta, *la Praxis e Theorica criminalis,* dove il processo riceve un'attenta considerazione ed è descritto in tutti gli aspetti connessi al funzionamento dell'Inquisizione. L'opera è suddivisa in *quaestiones* con l'esposizione del principio generale, le possibili amplificazioni della regola e uno strabocchevole corredo di autorità giurisprudenziali, anzi la sua caratteristica è nell'ampio ricorso all'uso di citazioni senza alcun obbiettivo di coincisione, per esporre doviziosamente la mole di opinioni maturate dalla precedente dottrina. Il successo che arrise all'opera fu notevole, come la controversa fama del suo autore, perché attraverso l'impianto sistematico e la pretesa di esaustività voleva porsi come un necessario ausilio nella pratica processuale degli Inquisitori e non solo dei criminalisti.

R.P.D.Thomae DEL BENE/Clerici regularis S. Theologiae Professoris/... *De Officio S. Inquisitionis circa haeresim...* Lugduni, Ioannis-Antonii Huguetan, 1666.

Il suo autore Tommaso Del Bene (1592-1673) fu appartenente all'ordine dei Teatini e da Napoli – dove si distinse nella dura critica alla fiscalità della Corona Spagnola – fu poi spostato a Roma dove intraprese una fortunata carriera di consultore e teologo al servizio di Urbano VIII e dei suoi successori. L'attività di Qualifi-

---

[37] Errera (2000, 267).

catore del S. Ufficio fu all'origine della sua opera *De Officio S. Inquisitionis* edito a Lione nel 1666 (in 2 tomi), che si configura come un vasto repertorio teologico e morale che spazia su tutte le attività dell'azione inquisitoriale: dalla scomunica agli eretici, alla privazione dei benefici e degli Uffici pubblici per i rei, alle pene temporali relative alla perdita dei beni. In complesso l'opera ricalca il filone di quei trattati ampi e dotti, dal carattere spiccatamente teorico che sul finire del sec. XVII continuarono la tradizione di testi incentrati sull'utilizzo di autorevoli fonti dottrinarie, per illustrare le regole del processo inquisitoriale; un'erudita opera a stampa che si pone quasi alla fine di un'intensa stagione editoriale e segna il declino di una riflessione ampia ed erudita sul diritto inquisitoriale.

Manuali a stampa per Vicari

Breve informatione del modo di trattare le cause del S.Officio per li molto reeverendi Vicarij della Santa Inquisitione, instituiti nella Diocesi di Modena, di Carpi, di Nonantola e della Garfagnana / in Modena, nella stamperia di Giuliano Cassiani, 1608 (a stampa)[38].

Nel momento in cui l'Inquisizione si radicò sul territorio (a Modena e non solo) esplicò un controllo capillare e ne scaturì una messa a punto sulle funzioni dell'Inquisitore e sui suoi compiti e su quelle di coloro che in tale funzione lo coadiuvavano, attenzione poi codificata in norme scritte, la cui osservanza può essere considerata il ritratto dei confini reali del tribunale dell'Inquisizione al momento della sua nascita. Proprio in due fascicoli manoscritti[39] nel *Fondo Inquisizione,* redatti a Modena agli

---

[38] L'opera è posseduta dalla Biblioteca Estense Universitaria di Modena.
[39] ASMo, *Inquisizione,* b.295, f.III/6 (*Modo et ordine che osserva il R.Padre Inquisitore nell'esercitare il suo Officio nella città di Modena*); f. III/7 (*Sopra l'ufficio del Padre Inquisitore*).

inizi del '600, si trova traccia di questa codificazione dell'Ufficio degli Inquisitori e della loro lotta all'*hereticae pravitas* da attuarsi sul territorio, con l'elenco delle sei categorie di delitti sottoposti all'Inquisizione: «gli eretici, i sospetti di eresia, i fautori di eretici, i maghi, malefici e incantatori, i bestemmiatori quelli che si oppongono ad esso S. Officio et ai suoi Officiali». In essi si scorge l'incalzante marea delle pratiche magiche, abuso di sacramenti e di cose sacre, e vi si trovano descrizioni puntuali di scongiuri vari con diversi tipi di orazioni. È probabile che questi fascicoletti manoscritti siano confluiti nella più vasta opera a stampa redatta nella sede di Modena, la *Breve Informatione...* curata nel 1608 dall'Inquisitore generale padre Michelangelo Lerri, pur se il suo nome non figura sul frontespizio, agile libretto che conobbe grande fortuna nel territorio modenese e fu adottato anche in altre sedi dell'Inquisizione. L'opera redatta per i Vicari dell'Inquisizione nel territorio si offre come paradigma della comunicazione verticale che discendeva verso la più vasta platea dei Vicari foranei, per indottrinarli e prescrivere norme di giudizio nei casi loro occorrenti. Infatti, il piccolo prontuario (di sole 56 pagine) era diretto a regolamentare le fasi preliminari spettanti ai Vicari foranei ovvero a quegli addetti dell'Inquisizione, che su mandato del giudice titolare operavano nelle parrocchie della pianura e della montagna. Il loro compito era appunto quello di istruire le cause poi completate dall'Inquisitore generale; scopo dell'opera era l'intento di semplificazione che aveva ispirato i compendi per Inquisitori anche se la *Breve Informatione...* non si può considerare un manuale vero e proprio, poiché, da un punto di vista processuale, i Vicari avevano funzioni ridotte e secondarie rispetto agli altri Inquisitori, infatti il loro ruolo si esauriva nello svolgimento delle indagini preliminari e nel raccogliere testimonianze. Però l'esigenza di chiarezza espositiva era per loro più che mai avvertita (erano spesso incolti curati o parroci di montagna) e spesso incapaci di attingere a complesse fonti enciclopediche (come il *Di-*

rectorium dell'Eymeric). Perciò, da un punto di vista linguistico, la scelta di usare il volgare come lingua (anziché l'aulico latino) fu adottata per agevolarne la comprensione e rapportarla all'uso comune.

Il fine pratico dell'opera impose di scegliere la lingua più compresa ed utilizzata dai Vicari e di accantonare allo stesso tempo tutte le dotte citazioni latine della dottrina inquisitoriale[40].

L'opera è suddivisa in quattro parti:
1)   L'Offizio del Vicario dell'Inquisizione e delle persone contro le quali procede il Sant'uffizio (descrizione dell'ambito delle competenze e della casistica dei rei eretici),
2)   Attenzione ai procedimenti formali,
3)   formule codificate (precetti, decreti),
4)   avvertimenti e ordini ricevuti dalla Congregazione di Roma, sezione che nel corso delle successive ristampe si amplierà con l'introduzione di nuovi avvertimenti tratti dalle circolari che la Congregazione inviava alle sedi locali del S. Uffizio.
Il manuale del Lerri segna quindi un momento di codificazione delle regole del funzionamento del sistema delle Vicarie in territorio modenese già organizzato dal suo predecessore, P. Arcangelo Calbetti, e si pone come un modello di brevità e sintesi nella successiva produzione di testi concepiti specificatamente per la pratica inquisitoriale. Oltre a definirsi quale ulteriore tassello di comunicazione fra novelli Istituti dedicati alla lotta ereticale, che dovevano comminare pene ed ammende nel magmatico mondo della devianza religiosa. L'opera fu ben strutturata e il suo successo fu tale da collocarla come un modello espositivo, per essere un punto d'arrivo nelle rete della comunicazione intercorrente dalla sede

---

[40] Errera (2000, 262).

alla periferia, tessera di un sistema, che nell'informazione poneva la sua efficacia.

Regole del tribunale del Sant'Officio / da f. Tommaso Menghini d'Albacina Inquisitore generale di Ferrara / in Ferrara, per l'erede del Giglio, 1687.

Il Menghini, frate domenicano, fu Inquisitore per diversi anni e dell'esperienza acquisita nella funzione si valse per dare alle stampe nel 1683 questo manualetto di procedura inquisitoriale che si basava su istruzioni fondate sull'esposizione di casi concreti rivolte ai Vicari (l'edizione posseduta da ASMo è datata al 1687).

L'opera è strutturata nell'illustrare sei tipologie di reati frequenti nella prassi inquisitoriale di fine secolo con le relative denunce, schema degli interrogatori, sentenze, sortilegio ed altri casi di frequente occorrenza nelle lotta antiereticale come la *sollecitatio ad turpia* e la poligamia. Inoltre ribadiva le prescrizioni del S. Uffizio romano circa la pubblicazione degli editti inquisitoriali, imposti anche ai Vicari foranei e di vigilare sulla trasmissione ai fedeli degli stessi.

La finalità pratica delle Regole (concepite come integrazione del manuale del Masini) tratte dalla consolidata esperienza sul campo dell'autore lo rese presto un testo valido, di prezioso ausilio nel lavoro e nell'uso corrente dei Tribunali, come sembra convalidare la grande fortuna editoriale che ebbe, anche se mostrava il grado effettivo di formalizzazione e burocratizzazione che la prassi inquisitoriale aveva raggiunto alla fine del sec. XVII.

Allegati

Manuali in uso ai Tribunali dell'Inquisizione di Modena e di Reggio risultante dagli Inventari Archivistici

Manuali del tribunale di Modena (ASMo, *Inquisizione*, b. 295)	Manuali del tribunale di Reggio (ASMo, *Inquisizione*, b.284)
Sacro Arsenale, 1716	*Directorium Inquisitorum...*
Repertorium Inquisitorum...	Del Bene, T. *De Officio S. Inquisitionis*
Regole del tribunale del S.Officio... 1687	*Praxis Iudiciaria* (Locati)
	Farinacci, *De Haeresis*
	Sacro Arsenale, 1630
Dispersi	*Dispersi*
Zanchino Ugolino	Carena, *De officio Inquisitionis*
Arnaldo Albertini	De Castro (*Adversus omnes haeresis...*
Campeggi (commento a Zanchino)	Del Rio
	Sousa, Antonio

Catalogo dei Manuali del tribunale dell'Inquisizione di Modena risultante dal *Prospetto di tutte le filze....* (ASMo, A.S.E., b.2/A)

Anno di edizione	Autore – Titolo	Antica collocazione in Biblioteca
1666	R.P.D. Thomae DEL BENE/Clerici regularis S.Theologiae Professoris/...De Officio S.Inquisitionis circa haeresim...Lugduni, Ioannis-Antonii Huguetan,1666 (in latino,danneggiato nella coperta e nelle prime pagine)	XXVII.B.7

	Compendio dell'arte essorcistica.. del R.P.F. Girolamo Menghi da Viadana (libri 1-3 rilegati insieme, privo di frontespizio, legatura coeva assente) s.n.t.	XXVI.C.20
1625	*Aphorismi confessariorum ex decretorum sententiis collecti* auctore Emanuele Sa' Lusitano... Brixiae, apud Damianum Turlinum (1625)	XXVI.C.21
1584	*Lucerna Inquisitorum Haereticae pravitatis R.P.F. Bernardi Comensis...*et eiusdem Tractatus de Strigibus cum annotationibus Francisci Pegnae sacrae theologiae et iuris utriusque doctoris...additi sunt in hac impressione duo Tractaus Ioannis Gersoni, unus de protestatione circa materiam fidei...Romae, ex officina Bartholomaei Grassi, 1584	XLIII.D.20 (con annotaz. Archiv. nel front. *S.Off.cii Mutine ex-dono eius)*
1660	Ioanne de Val Belga, Martini Bonacinae...rerum omnium de Morali Theologia, que tribus Tomis continentur Compedium.../Venetiis, 1660, sumptibus Combi & La Noù	XXVI.C.19 (rileg. in pergamena)
1716	*Sacro Arsenale* ovvero prattica dell'Offizio della Santa Inquisizione con l'insertione d'alcune regole fatte dal P.Inquisitore Tomaso Menghini Domenicano e di diverse annotationi del Dottore Gio: Pasqualone...in Roma & in Bologna, 1716, per il Longhi	XLIII.E.20 (rileg. in pergamena)
1575	Repertorium inquisitorum pravitatis Haereticae.../ correctionibus et annotationibus prestantissimorum iurisconsultorum Quintiliani Mandosii ac Petri Vendrameni decoratum ac actum/Venetiis, apud Damianum Zinarum, 1575	XLIII.E.18 (con pergamena latina impiegata come coperta)
1595	*Directorium Inquisitorum* /F.Nicolai Eymerici...cum commentariis Francisci Peniae /Venettis, apud Marcum Antonium Zalterium, 1595	XXII.B.8
1687	*Regole del tribunale del Sant'Officio* / da f. Tommaso Menghini d'Albacina inquisitore generale di Ferrara / in Ferrara, per l'erede del Giglio,1687 (lega-	XLIII.D.18

	tura in pergamena, sul recto front. annotazione manoscritta, con bifolio rileg. alla fine ...Forma da osservarsi nel presentare le denuncie)	
1687	*Regole del tribunale del Sant'Officio* / da f. Tommaso Menghini d'Albacina inquisitore generale di Ferrara / in Ferrara, per l'erede del Giglio,1687 (duplicato, cattive condiz. privo di segnatura, non rilegato ma ricco di annotazioni manoscritte del P.Inquisitore; in front: mss : *Ad usus F.Pii Silvestri de Mediolano,Inquisitori...deinde Mutine..*	Non collocato
1616	Prosperi Farinacii / *Tractatus de haeresi...*Romae, ex tipographia Andreae Phei, 1616 (splendida antiporta, danneggiato in parte, con annotazione mss...*pertinet ad S.mo Inquisitione..*	XXVII.B.11
1653	*Sacro Arsenale overo Pratica dell'Officio della Santa Inquisitione*/ di nuovo corretto & ampliato (nella dedica: F. Eliseo Masini da Bologna) / in Genova & in Perugia, nella stampa camerale appresso Sebastiano Zecchini, 1653	XLIII.E.21 (sul retro coperta annotaz. Mss.: adì 3 genaro 1772
1607	*Indicis librorum expurgandorum...*tomus primus ...per Fr. IO.Maria Brasichellen Sacri Palatii Apostolici magister ...Romae, ex typographia R.Cam. Apost., 1607 (alla fin : annotaz. Archiv.mss. *S.Inquisitionis Mutine*	XXVII.A.22
1580	*Flagellum daemonum seu exorcismi terribiles...* per F. Hieronimum Mengum ../ Maceratae, apud Sebastianum Martellinum, 1580	XLIV.C.15
1583	*Praxis Iudiciaria Inquisitorum* / F. Umberti Locati Placentini...editio secunda multis in locis ab eodem auctore aucta.../Venetiis, apud Damianum Zemarium, 1583 (sul front. annotaz.archiv. + 2 timbri a inchiostro sigillo dell'inquisiz.)	XLIII.E.19
1724	*Tribunal Confessariorum et ordinandorum ...*/opera ac studio R.P. Martini Wigant.../ Venetiis,1724 apud Nicolaum Pezzana	XLIII.E.17

| 1733 | *Sermoni di vestiture e professioni di religiosi e religiose* /del molto reverendo padre Nicolò de Dijon.../ tradotti dall'idioma francese nella favella italiana da D.Nicolò Maria La Porta .../ in Venetia, 1733 presso Giambattista Regozza Libraio a s.Lio con annotaz.del possessore *Ad usum P.ris F.ris Caroli Hyacinthi Belliardi Ordinis Predicatorum* 1737 (Inquisit.Gener.di Reggio) | XLIII.A.16 |

Bibliografia

Al Kalak, M. (2005) *La città di tutte le heresie.* Modena, Mucchi.

Biondi, A. (1988) *La "Nuova Inquisizione" a Modena. Tre Inquisitori (1589-1607)*, pp. 61-76 in *Città italiane del '500 tra Riforma e Controriforma*, Atti del Convegno Lucca 1983, Lucca, Pacini Fazzi.

Biondi, A. (1982) *Lunga durata e microarticolazione nel territorio di un Ufficio dell'Inquisizione : il "Sacro tribunale" a Modena (1292-1785)* pp. 73-90 in *Annali dell'Istituto Storico Italo-germanico di Trento*, VIII (1982), Bologna, Il Mulino.

Biondi, G. (1987) *Le lettere della Sacra Congregazione romana del Santo Ufficio all'Inquisizione di Modena: note in margine a un regesto* in «Schifanoia» n. 4 (1987).

Canosa, R. (2000) *Storia dell'Inquisizione in Italia*, 1, Modena, Roma, Sapere.

Cavicchi, M. G. (1994), *Una rete sottile e insidiosa per catturare gli eretici*, pp. 214 in «Reggio storia». n.s., n. 64-65.

Cerretti, C. (1895), *L'Inquisizione abolita negli Stati già estensi sul finire del sec. XVIII*, in Atti della r.Accademia di Scienze, Lettere e Arti di Modena, tomo XI, 1895.

Dizionario storico dell'Inquisizione (2010) diretto da A. Prosperi, con la collaborazione di V. Lavenia e J. Tedeschi, Pisa, Ediz. Scuola Normale, voll.1-4.

Errera, A. (2000) *Processus in causa fidei. L'evoluzione dei manuali inquisitoriali nel secoli XVI – XVIII,* Bologna, Monduzzi.

Errera, A. (2006) *Le diverse tipologie di sinossi per Inquisitori in età moderna* in *I Domenicani e l'Inquisizione romana*, Atti del III Seminario Internazionale, Roma, 2008, pp. 55-103.

Inquisizione e Indice nei secoli XVI – XVIII. Testi e immagini nelle raccolte Casanatensi (1998), a cura di A. Cavarra, Catalogo Mostra, Biblioteca Casanatense, Roma, Aisthesis.

Prosperi, A. (1996) *Tribunali della coscienza: Inquisitori, confessori, missionari*. Torino, Einaudi.

Tedeschi, J. (1987) *Il giudice e l'eretico. Studi sull'Inquisizione romana*. Milano, Vita e pensiero.

Trenti, G. (2003) *I processi del tribunale dell'Inquisizione di Modena. Inventario generale analitico (1489-1874)*, Modena, Aedes Muratoriana.

2. I Manuali e le Pratiche manoscritte dell'Archivio dell'Inquisizione di Modena e Reggio

Non meno interessante è lo scandaglio delle fonti inquisitoriali sia modenesi che reggiane, presenti anche in un altro Archivio (quello Diocesano di Reggio Emilia) dove sono conservate, manoscritte, alcune «*prattiche*» di ausilio al lavoro degli Inquisitori locali, che offrono molti spunti di riflessione sugli *exempla* formulati anche in forma manoscritta, non meno validi di quelli a stampa, circolanti talvolta fra le sedi stesse o inviate da Roma come vademecum d'ufficio; l'esame è stato esemplato sulle due sedi, sugli *item* conservati nelle stesse.

Manuali manoscritti conservati nell'Archivio modenese

[1]*Prattica per procedere nelle cause del S.Offizio fatta dal P. Cardinale Scaglia*
cc. 225; 21x28 cm (in volgare)
Fu il più noto manuale manoscritto in volgare (uno dei pochi) ricco di informazioni sul tema della superstizione popolare, della stregoneria e delle pratiche occulte. Le copie che circolarono con ampia diffusione nei tribunali periferici dell'Inquisizione sono in gran parte anonime; solo un gruppo è attribuito nel titolo a un Cardinale Scaglia in cui è da riconoscersi il bresciano Desiderio Scaglia (1568-1639) che studiò teologia alla facoltà domenicana di Bologna, fu Inquisitore a Pavia, Cremona e Milano quindi Commissario del Sant'Uffizio romano su nomina di Paolo V e poi Cardinale nel 1621. Fu protagonista di alcune cause inquisitoriali,

---

[1] ASMo, *Manoscritti della Biblioteca,* Mss 166.

fra le maggiori del tempo – contro Tommaso Campanella di cui censurò l'opera, l'*Atheismus Trionphatus* nel 1627 e contro Galilei Galilei (del cui processo fu fra i firmatari della sentenza). Non stupisce quindi che fu anche considerato, per queste pietre miliari nella carriera, probabile Papa nel conclave del 1623. Lo si può, per l'alto profilo ecclesiastico raggiunto, anche supporre autore di questo manuale che evidenzia grande esperienza e padronanza di materie teologiche di alto livello, esposte in forma sciolta e colloquiale. Il maggior rilievo che si può fare all'opera è l'espressione di dubbi e cautele riguardo alle procedure in vigore nei casi di stregoneria, di arti magiche e nell'esercizio dell'esorcismo ma, come sottolinea Tedeschi,

> rappresenta uno dei primi tentativi di esporre per iscritto l'atteggiamento di moderazione in tema di stregoneria e di pratiche superstiziose che andava affermandosi negli ambienti del Sant'Ufficio romano[2].

Di certo esprime un mutamento delle priorità del Sant'Ufficio alla fine del sec. XVII e, nel contempo, vuole anche offrire delle indicazioni chiare ai funzionari locali (non a caso circolava in forma manoscritta fra gli Inquisitori locali e in volgare) che rischiavano di perdersi nel labirinto di credenze, di stratagemmi procedurali creati dal vorticoso aumento dei processi per pratiche occulte. Stupisce che tanto favore non sia sfociato in una redazione a stampa dell'opera, vista la diffusione che ebbe, ma la giustificazione potrebbe anche essere, che in tale mancanza vi fosse

> la riluttanza del S. Officio a esacerbare i contrasti con le autorità secolari che già protestavano contro il presunto lassismo dell'Inquisizione nei confronti della stregoneria, dando ufficialmente alle stampe due opere che tanto insistevano sulla prudenza e il rigore procedurale[3].

---

[2] Tedeschi (2010, 1391) voce *Desiderio Scaglia*, in *Dizionario storico dell'Inquisizione*.
[3] Tedeschi (1987, 150).

La *Prattica* dello Scaglia affronta temi caldi come quello di pratiche superstiziose, riti esotici, sui quali il Sant'Uffizio si inoltrava con cautela, raccomandando rigore e prudenza nella prassi giuridica. Altra questione procedurale dibattuta nei processi inquisitoriali precedenti era la possibilità di estendere ad altri correi su testimonianza dell'imputato la partecipazione al sabba, cosa che evitò il bagno di sangue contro le streghe, o presunte tali, che funestò i paesi germanici, nell'illuminato teorema che la correità poteva essere illusione del maligno. Diversamente dai Tribunali secolari, l'Inquisizione considerava la stregoneria una particolare forma di eresia, adoperando una particolare indulgenza per chi, alla prima condanna, esprimesse sincero desiderio di riconciliazione con la Chiesa di Roma. Tutti i punti espressi nel manuale nel contestare o mitigare giudizi a posteriori o in odore di persecuzione contro la stregoneria e di un atteggiamento più conciliante del Papato verso di essa sono confermati dal grande effluvio di processi fioriti nel sec. XVII; dagli sporadici casi del '500 (dove l'Inquisizione si era trovata a fronteggiare la lotta contro la diffusione del protestantesimo) si attestò intorno al 40% nel sec. XVII, rappresentando il peso maggiore delle attività processuali nella quasi totalità della penisola, rivolte per lo più contro la pratica della magia e di chi la esercitava. E sempre contro le malefiche, è indirizzata *L'Instructio pro formandis processibus in causa strigum, sortilegiorum et maleficiorum* che occupa le cc. 153-181 (in latino), da affiliarsi alla più famosa *Instructio,* diffusa intorno al 1620 quando la Congregazione di Roma ritenne maturi i tempi per emanare una direttiva per regolamentare i processi di stregoneria, la cui paternità è stata attribuita allo stesso Scaglia[4]. Secondo Tedeschi lo scritto in parola

contiene una risoluta condanna degli abusi commessi in sede giudiziaria a danno di presunte streghe ed enuncia alcuni principi di riforma e moderazione destinati a indirizzare il giudice verso la corretta gestione delle cause di questo genere[5].

L'*editio princeps* dell'*Instructio* si apparenta a direttive periodiche formulate dalla Curia romana dette appunto *Instructiones* che venivano emanate per modificare aspetti della dottrina o della prassi giudiziaria, in questo caso fu una ricapitolazione in tema di lotta giudiziaria contro la stregoneria dei secoli precedenti. Ebbe però una diffusione e un'eco vasta che portarono a diffonderla in forma manoscritta fra i tribunali dell'Inquisizione, non a caso fu incorporata in manuali semiufficiali e raccolte documentarie prima della data della pubblicazione a stampa (1657). Dopo circa trenta anni dalla sua stesura fu pubblicata in forma autonoma in un fascicoletto (8 pagine) stampato dalla Reverenda Camera Apostolica, ma già nel 1625 era stata pubblicata nella seconda edizione del *Sacro Arsenale* di Eliseo Masini (in volgare come tutta l'opera del Masini) ed, ancora, in latino nell'opera di Tommaso Castaldi *De potestate angelica*, ed infine nel 1651 da Cesare Carena in appendice all'edizione del suo *Tractatus de Officio Sanctissimae Inquisitionis*. La forma manoscritta, prevalente per la trasmissione del testo, fa ritenere, come suppone Tedeschi, che

---

[4] Secondo Tedeschi il fatto che si trovi inserita nel Manoscritto dello Scaglia fa propendere per una sua paternità dello scritto, resa plausibile dal suo ruolo di preminenza nella Congregazione.
[5] Tedeschi (1987, 125).

la riservatezza della Curia tradisce il timore di un inasprimento dei contrasti con le autorità secolari che accusavano il Sant'Ufficio di debolezza nella lotta contro la stregoneria[6].

La variante inserita nella *Prattica* di Scaglia a proposito dei processi di stregoneria mostra lo stesso scetticismo e la stessa prudenza nella valutazione delle prove conforme al tono generale dell'opera e avanza dubbi sull'onestà di molti esorcisti. Alcuni studiosi avallano questa supposta paternità dell'*Instructio,* ma, al di là dell'ipotesi, il valore del documento, che non innova sul piano normativo o giuridico, va cercato nell'indirizzo mite e prudente da applicarsi da parte dei giudici provinciali per una procedura uniforme e moderata; infatti, se in Italia non vi fu la sanguinaria caccia alle streghe dei paesi nordici, questo equilibrio si deve anche ai principi formulati in questa *Instructio.* E che Roma fosse sollecita nell'inviare queste direttive è testimoniato da due lettere collocate nel *Fondo Inquisizione* dell'Archivio di Stato di Modena, l'una indirizzata al tribunale dell'Inquisizione di Modena, l'altra al tribunale dell'Inquisizione di Reggio[7] (recante la stessa data) che richiamano questi principi e confermano l'invio di una copia della stessa *Instructio* (che purtroppo non ci è pervenuta).

Roma, 24 settembre 1658
Rev.P. Per ovviare agli abusi che alla giornata occorrono nelli processi, che si fabbricano contro persone accusate di malefici fu già formata per ordine della S.Congregazione una prima Instruttione; di questa se ne manda copia a V.R. conforme essa puntualmente si governi in avvenire nel formare processi in questa materia

[6] Tedeschi (1987, 131).
[7] ASMo, *Inquisizione,* b, 260 (*Lettere della sacra Congregazione di Roma all'Inquisiz. di Reggio,* 24 settembre 1658; ASMo, *Inquisizione,* b. 255 (*Lettere della sacra Congregazione di Roma all'Inquisiz. di Modena,* 24 settembre 1658); eguale data ed eguale invio fu effettuato al tribunale dell'Inquisizione di Firenze, come si rileva da Tedeschi (1987, 316, nota 14).

e Dio la conservi
D.V.R. Confratello
Card. Barberino

Di questo raro testo, le uniche certezze incontrovertibili risultano allora: la redazione in ambienti romani in forma provvisoria fra le due decadi tra '500 e '600; istruzioni sulle procedure da seguire nei processi di stregoneria, la sua circolazione erratica nelle sedi locali dell'Inquisizione romana (come testimonia il caso modenese), un *iter* bibliologico fra forma manoscritta e a stampa di lunga durata.

Non si sono ancora determinati gli effetti sulla prassi giudiziaria del tempo e, se nella realtà le illuminate raccomandazioni che consigliavano agli Inquisitori trovassero un'effettiva convalida, come la cautela nelle procedure dell'arresto, la nullità della testimonianza di una strega contro un complice, l'obbligo di una accurata verifica delle confessioni; un mutamento nella lotta contro la stregoneria trovò però in quest'opera una piena espressione.

Compendi prodotti nella sede dell'Inquisizione di Modena

Risoluzioni della Sacra Congreg.ne in varij casi, per il buon governo de P.P.Inquis.ri circa il loro Off.cio anche nel procedere in varie cause[8] *(*mano-scritto*)*

È un registro cinquecentesco in volgare (da collocare dopo l'anno 1633) costruito con stralci di lettere della Sacra Congregazione di Roma redatte dal 1575 al 1633 all'incirca, che, come documenta l'indice iniziale, espone le norme per il funzionamento delle sedi periferiche e disciplina la casistica processuale in cui potevano imbattersi gli inquisitori modenesi. Il registro in oggetto consta di cc. 79 numerate corrispondenti a punti d'interesse co-

[8] ASMo, *Inquisizione*, b. 285.

muni che erano trattati nelle lettere indirizzate agli Inquisitori di Modena o da questi richiesti, ma erano di eguale indirizzo anche per altre sedi provinciali. È quindi un documento di estrema importanza perché insieme alla folta corrispondenza fra la Congregazione romana e il tribunale modenese ci aiuta a comprendere, di là della teoria e dei manuali, il quotidiano funzionamento delle istituzioni periferiche ed anche i retroscena oltre le fredde e asettiche formulazioni degli atti processuali delle sentenze e dei trattati giuridici. Questo registro redatto nel tribunale modenese è un esemplare superstite delle istruzioni impartite dal vertice alla base, che elenca in succinti e stringati punti, con la cronologia delle lettere, l'organizzazione dell'Ufficio – entrate e beni, governo dei beni della S. Inquisizione, conto delle entrate e delle spese. Non mancavano gli avvisi che si dovevano dare a Roma, informazioni, editti e la casistica giudiziaria dei casi di eresia, della lotta contro la stregoneria, i sortilegi magici e altro, dandoci modo di conoscere una fonte della storia dell'Inquisizione di Modena oltre la facciata pubblica della prassi giuridica. Mentre importanti manuali a stampa (come quello di Cesare Carena) furono costruiti con lettere della Sacra Congregazione per illustrare singoli punti della procedura, invece altri manuali le allegavano alla fine oppure ritagliavano e accostavano quelle stesse lettere in modo da offrire una risposta a ogni problema. Le *Risoluzioni in vari casi* del tribunale di Modena appartengono a questo genere.

Si deve anche considerare che

le ragioni romane nell'insistere su questo tipo di collegamento sono evidenti: esse sono dello stesso tipo di quelle delle innumerevoli burocrazie che allora si vennero costruendo come meccanismi e articolazioni dello stesso genere[9].

[9] Prosperi (1986, 110).

Istituti, in cui predominava l'aspetto di dominio politico e culturale, di cui l'Inquisizione era strumento. L'importanza delle *Risoluzioni...* è nella sua organizzazione, espunta dalle decisioni della Sacra Congregazione assunte come fonte, un'articolata guida pratica di casistica giudiziaria, come esplicita l'indice iniziale per argomenti che lo struttura come un vero e proprio manuale. Vi è certo da tener presente che le decisioni rivolte alla sede modenese funzionavano come prescrizioni anche per altre sedi, visto l'intento di uniformità del giudizio da raggiungere da parte dei giudici dell'Inquisizione, senza tralasciare che tale schedatura sistematica delle lettere della Congregazione romana (almeno per gli anni di pertinenza) era utile a integrare i manuali usati ma non a sostituirli poiché solo i tradizionali manuali potevano offrire una descrizione completa del processo inquisitoriale.

Fra i manuali conservati nel fondo modenese si annovera pure un fascicoletto, databile ai primi anni del sec. XVII, che, pur non conformandosi come una pratica o un manuale, fu inglobato in un felicissimo testo della manualistica inquisitoriale, un fortunato compendio destinato alla folta platea dei Vicari foranei, collaboratori dell'Inquisitore nel combattere l'eretica pravità: la *Breve Informatione del modo di trattare le cause del S. Officio per li molto reverendi Vicari della Santa Inquisizione.*

Il fascicoletto in parola ha per titolo *Sopra l'Ufficio del Padre Inquisitore*[10], enumera, in forma di breve istruzione o promemoria, i compiti degli Inquisitori, l'ambito di competenze del Sacro tribunale dell'Inquisizione e i casi di eresia da perseguitare. È da datarsi ai primi anni del sec. XVII, probabilmente redatto nel momento dell'istituzione della novella sede del tribunale di Modena, e pur se l'estensore è anonimo, forse si può addebitare al P. Michelangelo Lerri, reputato autore della diffusa opera *Breve Informatione del*

---

[10] ASMo, *Inquisizione*, b. 295, f.III/7, fascicolo di cc. 1-15 numerate.

modo di trattare le cause del S. Officio[11]. Infatti nelle cc. 9-15 vi si ritrova la casistica degli eretici contro i quali si deve esercitare l'azione del S. Officio. Il Lerri contribuì con il P. Arcangelo Calbetti alla stratificazione della sede inquisitoriale modenese sul territorio, quando l'Ufficio fu eretto a sede inquisitoriale generale e fu definito il reticolo delle Vicarie foranee, strumento di controllo nella realtà delle provincie modenesi, che rappresentarono le strutture d'intervento locale e giunsero a toccare anche le parrocchie più piccole e remote, come vere e proprie stazioni di guardia contro l'eretica pravità. Questo breve *vademecum* è rivolto a coloro che si macchiavano del crimine di eresia; fu scritto in volgare, per esemplificare, a beneficio dei Vicari foranei, i casi di eresie da perseguire[12], una vera codificazione del ruolo degli Inquisitori e soprattutto dei Vicari, con una messa a punto sulle loro funzioni; poi queste istruzioni confluirono nel più vasto prontuario a stampa di 56 pagine redatto nel 1608 dall'Inquisitore generale Michelangelo Lerri, cui seguirono visto il successo che gli arrise, opere consimili stilate in più sedi inquisitoriali, anche da altri Inquisitori locali. Le norme scritte da applicare definivano anche i confini della realtà del tribunale dell'Inquisizione modenese a pochi anni della sua nascita, e non a caso è collocato con un altro esemplare[13], che nello specifico definisce i compiti dell'Inquisitore di Modena al momento del suo insediamento, norma i doveri d'ufficio e

---

[11] *Breve informatione del modo di trattare le cause del S.Officio per li molto reverendi Vicari della Santa Inquisizione,* instituiti nella Diocesi di Modena, di Carpi, di Nonantola e della Garfagnana /in Modena, nella stamperia di Giuliano Cassiani, 1608.

[12] *Contro di quai persone proceda il S. Officio dell'Inquisizione/ a sei capi principali possono ridursi le persone contro delli quali per errori essi commessi può procedere il S. Officio della Inquisizione/ 1 contro gli eretici/ 2 contro i sospetti di eresia/ 3 contro i fautori de li suddetti/ 4 contro i maghi malefici et incantatori/ 5 contro i bestemmiatori/ 6 contro quelli i quali si oppongono ad esso S.Officio et noi officiali... c. 1.*

[13] ASMo, *Inquisizione,* b. 295, f. III/6, *Modo et ordine che osserva il P. Inquisitore nell'esercitare il suo officio nella città di Modena,* cc. 1-17.

le competenze spettanti, un vero e proprio manuale di comportamento dell'Inquisitore al momento del suo ingresso in carica. La *Breve informazione...* a sua volta confluì (in parte) nel più fortunato compendio per gli inquisitori del tempo, il *Sacro Arsenale* del Masini, che già nella prima edizione del 1621 ne riprendeva nei primi capitoli i contenuti, specificando la vasta casistica ereticale che cominciava a montare nelle carte processuali. La cronologia di queste opere si snoda dai primi anni del '600, com'è datato questo fascicolo manoscritto conservato in ASMo al 1608, anno di edizione a stampa della *Breve informatione*, fino al 1621, anno di edizione dell'opera del Masini e fa intuire la ripresa in molte opere per inquisitori degli esiti più felici di norme che dalla forma manoscritta venivano riedite a stampa e poi col tempo apparivano in altri compendi, con gli aggiornamenti ideologici e normativi che le modificavano. Ad esempio nell'edizione del *Sacro Arsenale* del 1716, alla categoria degli eretici si è aggiunta quella degli Ebrei e degli altri infedeli, mentre nel fascicoletto manoscritto in ASMo si lasciava uno spiraglio alle mutevoli forme dell'eresia (cc. 4-5) perché *possono anche occorrere molti altri casi singolari i quali dalla malitia delli persone possono essere inventati et può ancora il Sommo Pontefice determinare sia per l'avvenire spettanti al Foro della Santa Inquisizione.* Tutte estensioni della casistica ereticale e delle devianze dall'ortodossia cattolica che dovevano essere codificate anche negli editti a stampa emessi dai Tribunali, riproposti con lo stesso impianto, in un'opera di informazione capillare che discendeva verticalmente anche alle popolazioni.

Compendi manoscritti prodotti nella sede dell'Inquisizione di Reggio

[14]*Instructio seu Praxis Inquisitorum Franc.sci Pegna cum annotationibus Carena*

L'opera consiste in un volumetto di cc. 44 compilato da un anonimo inquisitore nella sede dell'Inquisizione di Reggio (da cui proviene) ed esemplifica con chiarezza l'esigenza di rendere ancor meglio consultabile l'opera di Cesare Carena, a sua volta commento della più famosa opera di Francisco Peña, *Introductio seu praxis inquisitorum*, manualetto manoscritto consegnato nel 1605 al papa Paolo V.

La datazione del nostro manualetto è da porsi agli anni dopo il 1655, anno in cui fu commentata e stampata dal Carena. L'opera originaria del Peña prevedeva cinque parti, circolò da subito negli Uffici locali dei tribunali dell'Inquisizione in forma manoscritta; di fatto due libri furono portati a termine, mentre le altre parti non furono compilate; la terza era dedicata ai delitti di stregoneria e magia, la quarta alla spedizione dei condannati e la quinta alle diverse cariche inquisitoriali. La prima parte era dedicata ai crimini di eresia e all'avvio dell'*inquisitio*; la seconda alle fasi del processo. È conservata solo in alcuni codici manoscritti[15], a pubblicarla dopo la morte del suo autore fu il giurista Carena nel 1655, in coda al suo testo con i suoi commenti. È proprio nella forma agile e compendiosa l'importanza del testo, dovuta anche al prestigio dell'autore, che aveva voluto creare un manualetto semplice e conciso adatto alle esigenze di semplificazione richieste dalla prassi quotidiana dei tribunali. Già nell'Introduzione, il canonista

[14] ASMo, *Inquisizione*, b.300, *Miscellanea Reggio*. Il codicetto consta di cc. 44 ed è in ottimo stato di conservazione.
[15] BAV, *Reg. lat.* 338/*Barb. lat.*1544 (con aggiunte dell'autore), *Barb.lat.*1367 (con il titolo di *Instructio* e commenti del Farinacci).

spagnolo Francisco Peña, padre dei più autorevoli commenti giuridici ai manuali inquisitoriali del tempo (come il monumentale *Directorium Inquisitorum* dell'Eymeric), dichiara i suoi intenti programmatici di creare a un testo schematico e succinto che mostrasse in breve a Vescovi e Inquisitori la corretta prassi giudiziaria. Il citato manualetto reggiano è una sintesi del più autorevole antecedente, solo epurato dai commenti giuridici, presenti nell'originale del Peña curato dal Carena (quindi riferibile all'edizione a stampa dell'anno 1655); si presenta nella veste di un piccolo prontuario per l'uso poiché evita la citazione dei referenti lessicali, liturgici o le citazioni dai testi canonici che appesantivano tutti i trattati, come chiarisce l'intento già nel prologo:

c.1v
...Potissimum institutum huius libri est indicare episcopis et inquisitoribus haereticae pravitatis praxim tuto servandam in singulis actibus iudicialibus...

Sempre nella c.1v si riporta la partizione adottata dal Peña nei cinque argomenti e la trattazione dei due libri di cui consta l'opera originale è riprodotta nella parte relativa alla procedura; ma mentre il Peña aveva se pur succintamente allegato nel corpo del testo le citazioni dottrinarie e giuridiche e aveva concepito il testo come

un testo unitario che comprendesse insieme tanto la regola processuale quanto i riferimenti dottrinali su cui la regola stessa si fondava, alla fine di ogni paragrafo aggiunse la meticolosa indicazione della fonte utilizzata nel testo[16].

Nel nostro manualetto le citazioni dottrinarie erano espurgate poiché ritenute poco funzionali all'uso pratico e alle istruzioni che si dovevano trarre e, pur seguendo l'opera da cui principia nel suo svolgimento, ne costituisce un sunto compendioso ed efficace.

[57] Errera (2000, 252).

Già il Peña nella *Prefatio* al 2° libro della sua *Introductio* esponeva il processo inquisitoriale seguendo le tappe della procedura giuridica progressivamente, in questo il Tedeschi vi ravvisa «uno schematismo che impedisce di cogliere agevolmente il meccanismo globale del processo», ma il giudizio storico sull'opera fu dato dal favore che la accolse e che né stigmatizzò il valore (come avvenne a Reggio, annotata ed espurgata delle note per agevolarne l'uso).

Certo,

> l'*Introductio seu praxis Inquisitorum* non fu considerata dai contemporanei come una realizzazione secondaria o di scarso pregio nell'ambito della produzione scientifica del Peña ma fu anzi reputata preziosa e di grande utilità: lo testimonia fuori di ogni dubbio il fatto che l'opera... fu non solo accuratamente trascritta e conservata in codici calligrafici per essere diffusa in forma manoscritta nelle sedi periferiche dell'Inquisizione[17].

Per gli storici questo manualetto ha un valore aggiunto poichè mostra quanto, in un tribunale periferico come Reggio, fosse privilegiata la forma del compendio realizzato con la selezione e il sunto delle fonti e una trattazione della materia, esplicativa nella descrizione graduale degli istituti processuali in ordine ala loro successione. Infatti, l'attenzione posta dagli Inquisitori su queste fonti rifletteva l'esigenza di conoscere con semplicità e in forma sintetica i meccanismi essenziali del processo, secondo un modello di procedura pratico ed espositivo. Anzi è indicativo del favore accordato a una specifica tipologia di testi che cominciava ad ottenere riscontro nelle sedi periferiche, un nuovo genere letterario che si avviava a diventare una forma letteraria autonoma, distinta dalla restante trattatistica e destinata ad avere fortuna nel tempo. Dietro il suo aspetto anonimo si deve cogliere l'espressione di una metodologia di redazione, meno incline alle prolisse allega-

---

[17] Errera (2000, 253).

zioni delle fonti, tipica di una nuova classe di opere per Inquisitori, caratterizzate da scarse citazioni e da una destinazione d'uso diretta alla pratica giudiziaria.

Opere che sono state confezionate per rispondere in modo chiaro coinciso e lineare al bisogno di conoscere gli Istituti del processo Inquistoriale e sono perciò prive di dettagliati riferimenti legislativi e di prolisse citazioni dottrinali[18],

quasi succinti opuscoli che il giudice poteva consultare agevolmente per conoscere con certezza il corretto iter processuale senza perdersi nella ridda di congetture giuridiche. Pur coevo a tanti autorevoli testi a stampa del periodo, stampati a uso e consumo degli Inquisitori, il nostro manualetto (come il più famoso archetipo del Peña) manifesta nella sua compilazione manoscritta la sua destinazione finale per utilizzatori che lo compulsavano come una guida agevole nell'uso pratico. In effetti, la sua finalità ultima era agevolare la conoscenza della procedura inquisitoriale da parte dei funzionari del tribunale, ed i destinatari erano proprio coloro che giornalmente si dibattevano nelle difficoltà di trarre le disposizioni contenute da enciclopediche trattazioni a stampa dove le norme erano sommerse dalle citazioni. Probabilmente questo manualetto, compilato nella sede di Reggio da qualche esemplare a stampa del Carena, era un *vademecum* per piccoli inquisitori anonimi che però

riuscivano a garantire l'ordinario funzionamento della macchina inquisitoriale periferica pur in assenza di un codice ufficiale di procedura e anche nella più totale confusione di manuali farraginosi, sovrabbondanti e talvolta addirittura contradditori[19].

[59] Errera (2000, 160).
[19] Errera (2000, 198).

Certamente è un compendio anonimo, redatto da un qualche sconosciuto Inquisitore, concepito per essere utilizzato solo presso la sede di appartenenza, fortunatamente per noi occultato fra le filze, ma non perduto, come altri testi esemplati in altre sedi inquisitoriali ormai dispersi, sia perché segnati dalla graduale consunzione del supporto cartaceo, sia per la dispersione di tanta parte della documentazione dell'Inquisizione, intervenuta con la soppressione dei tribunali alla fine del sec. XVIII. In sintesi questo documento è un tassello importante per ricostruire le forme letterarie inerenti alla trattazione del diritto inquisitoriale.

Le 'Pratiche' manoscritte conservate nell'Archivio Diocesano di Reggio Emilia[20]

Come si è detto non tutte le carte dell'Inquisizione reggiana[21] furono incamerate dall'archivio modenese, e pure se la quantità di carte reggiane in esso confluitovi fu cospicua, risultava di fatto acefala per cronologia; solo ora a parziale risarcimento giunge l'individuazione di altra parte dell'archivio inquisitoriale reggiano (che colma in parte le lacune cronologiche modenesi), conservata

---

[20] Le *Pratiche* manoscritte reggiane conservate nell'Archivio Diocesano di Reggio Emilia sono inedite. Ringrazio Luca Al Sabbagh per avermele segnalate; sono state citate anche da Mario Colletti e Milo Spaggiari.

[21] A tale proposito si vedano gli studi di L. ROVERI, *"Reggio Emilia"*, in A. Prosperi – V. Lavenia e J. Tedeschi (a cura di), *Dizionario Storico dell'Inquisizione*, III, Pisa, Edizioni della Normale, 2010, pp.171-172. Per maggiori informazioni sull'Inquisizione reggiana si guardi anche A. Biondi e A.Prosperi, *Il processo al medico Basilio Albrisio, Reggio 1559,* «Contributi», 4, 1978 (n. speciale); M. G. Cavicchi, *Una rete sottile e insidiosa per catturare gli eretici,* «Reggio Storia», 16, 1994, pp. 2-14; A. Prosperi, *Tribunali della coscienza. Inquisitori, confessori, missionari,* Torino, Einaudi, 2009 G. Trenti, *I processi del tribunale dell'Inquisizione di Modena: inventario generale analitico, 1489-1784.*

in un altro istituto archivistico ecclesiastico: l'Archivio Diocesano di Reggio Emilia.

Per completezza d'indagine, si deve anche rilevare che presso la Biblioteca municipale Panizzi di Reggio Emilia sono collocati altri due manoscritti[22]: *La narrativa dell'origine e dello stato degli Inquisitori, quale la fondazione di questa Inquisizione di Reggio, hanno retto questo Santo tribunale* di Agostino Ricci (Inquisitore a Reggio dal 1709 al 1710) e il *Ruolo dei Patentati del Sant'Ufficio di Reggio* databile al 1689, veri e propri *annales* che registrano la vita dell'istituzione. Le carte processuali dell'Archivio Diocesano di Reggio (d'ora in poi ADRe) si articolano essenzialmente in due buste, denominate *Processi criminali della Santa Inquisizione*[23], dove sono presenti incartamenti processuali antecedenti anche l'anno di istituzione del tribunale (1599).

Ma dato ancora più interessante per l'indagine è che, all'interno dei libri a stampa, si conservano tre *Prattiche* o manuali manoscritti ad uso degli Inquisitori, databili al sec. XVII - XVIII, e mentre la prima si mostra molto precoce nella data (primi decenni), la seconda e la terza si attardano: oltre la metà del secolo la seconda, e probabilmente alla fine del secolo la terza, per le caratteristiche che le conformano. Esse sono rispettivamente:

1. *Pratica per procedere nelli cause del Sant'Ufficio,* che già da un'iniziale analisi dell'Indice dei capitoli si rivela per essere una copia della *Pratica* dello Scaglia, quindi databile ai primi decenni del sec. XVII,

2. *Praxis criminalis Tribunalis Ss.me Inquisitionis Episcopalis* (nella pagina iniziale reca la nota di possesso: *ad usum Caroli Hijacinthi Belliardi Casalensis O.D. Vicarij generalis S.Uffizij Mutine 1741,* dove

---

[22] Biblioteca Municipale Panizzi di Reggio Emilia, *Manoscritti reggiani,* f. 109.
[23] ADRe, *Processi criminali vescovili, Processi criminali Sacra Inquisizione* (1500-1649) e (1650-1786), ff. 94-95.

la data si riferisce evidentemente al possessore (P. Carlo Belleardi),

3. *Praxis criminalis S.O., seu brevis delucidatio criminalis pre oculis habenda et quesitore violate fidei in sumendis denunciationis examinandis testibus reis constituendis et expedientis* (databile al sec. XVIII ma rilegato con documenti a stampa del 1752 e 1779).

I tre manuali manoscritti sono utili non solo per gli elementi di conoscenza che apportano allo studio della manualistica inquisitoriale, ma anche per ricostruire l'originario corpus dei manuali manoscritti reggiani presenti in ASMo, cui si collegano idealmente; e inoltre sono una testimonianza unitaria, insieme ai manuali a stampa delle due sedi, del complesso della manualistica inquisitoriale in uso che ci è pervenuta in modo compatto insieme alla documentazione archivistica.

Pratica per procedere nelli cause del Sant'Ufficio
(ADRe, codice cartaceo di cc. 1-30, numerate, sec. XVII)

Il ritrovamento di questi manuali manoscritti ci permette di fare una considerazione preliminare sulla sede inquisitoriale di Reggio, ovvero che, seppure sede periferica minore, fu particolarmente attiva nel diligente esercizio da parte degli Inquisitori che vi esercitarono l'ufficio di corredare la loro attività con strumenti che garantissero in modo efficiente il funzionamento della macchina inquisitoriale. La prima *Prattica* custodita nell'Archivio Diocesano di Reggio si rivela a un primo esame quale una copia della *Prattica* attribuita al Cardinale Scaglia sin dalla prima analisi dell'Indice e dei capitoli che strutturano il testo. L'opera di cc. 30 numerate consta di 28 capitoli più un capitolo finale da c. 27 alla c. 30, *Forma di ricevere le denuncie e spontanee comparizioni e esami di testimoni;* alla fine del testo sono posti *gli Avvisi generali.*

Dall'esame calligrafico con la copia modenese della *Pratica Scaglia* risulta evidente trattarsi di una copia d'uso redatta nel tribunale reggiano da altro esemplare, vista la diffusione di questo testo e delle copie che ne circolarono nelle sedi periferiche dei tribunali dell'Inquisizione. Mentre la copia in ASMo rivela una maggiore perizia calligrafica e una maggior cura nella scrittura (probabile redazione della Cancelleria Pontificia), invece nell'esemplare reggiano si notano, aldilà delle evidenze testuali, delle differenze che fanno riflettere. È rilevante il fatto che non includa la trascrizione della famosa *Instructio* sulla stregoneria, presente invece nella copia modenese ed anche in un'altra copia della *Pratica Scaglia* conservata nella Biblioteca Estense Universitaria di Modena[24] - copia calligrafica questa, probabilmente del sec. XVIII, di provenienza antiquaria - che ricalca pedissequamente nella struttura l'originale dello Scaglia: 25 capitoli in volgare, più il capitolo della trascrizione dell'*Instructio* in latino. La copia reggiana non la include, ma di certo era ben presente nelle carte del tribunale, come evidenziano le lettere inviate dalla S. Congregazione di Roma[25]. Tali istruzioni epistolari furono date da Roma a tutte le sedi periferiche - anche in tempi diversi, vista la lunga circolazione di questo scritto in forma manoscritta e poi a stampa dal 1657 - per evitare abusi nei processi di stregoneria. Questa copia reggiana è un'ulteriore conferma della diffusione del testo dello Scaglia nelle sedi periferiche per fornire ai funzionari locali informazioni non ambigue, visto l'aumento esponenziale dei processi di questo tipo, e per aiutarli a districarsi nella ridda di credenze e superstizioni al fine di evitare errori procedurali. L'autorevole archetipo è ricco di informazioni sul tema della superstizione popolare e della stregoneria, ed è plausibile la sua datazione ai primi due decenni del sec. XVII; come ha ribadito Tedeschi[26] «rispecchia un mutamento delle prio-

---

[24] BEU, Collezione Campori Appendice 1836, collocaz. a.T.1.34 *Pratica del S. Officio dell'Inquisizione*, rilegata con la *Costituzione di Pio V* e i *Ristretti dei processi di Molinos*.

[25] Come risulta dalla lettera del 24 settembre 1658.

[26] Tedeschi (1987, 150).

rità del S. Ufficio verso la fine del XVII secolo». La comparazione filologica delle due copie mostra un'evidente discrepanza nella numerazione dei capitoli, infatti la copia reggiana risulta priva, oltre del capitolo relativo all'*Instructio,* dei capitoli *Degli astrologi, Delle immagini tavolette e vari altri onori verso quelli che non sono canonizzati nè beatificati. Della santità affettata,* invece alla fine del testo sono inseriti tre capitoli sulla forma pratica per stilare i documenti: *Forma di ricistrare le denuntie, Modi di formare le istanze per diretto, Avisi generali,* evidente assemblaggio tratto da qualche manuale, come la *Breve informatione,* che alla fine poneva questi brevi vademecum d'ufficio, per aiutare i giudici a redigere in forma corretta i documenti processuali.

In pratica l'opera espone

una sintetica elencazione delle diverse classi di eretici e delle categorie di soggetti contro cui procedeva il Sant'Ufficio...un'opera incentrata sui profili teologici della repressione dell'eresia e sull'individuazione dei soggetti coinvolti nel giudizio inquisitoriale[27].

Praxis criminalis Tribunalis Ss.me Inquisitionis Episcopalis
[la pagina iniziale reca la nota di possesso: *ad usum Caroli Hijacinthi Belliardi Casalensis O.D. Vicarij generalis S.Uffizij Mutine 1741*]
(ADRe, codice cartaceo del sec.XVII, di cc.1-132)

Con l'analisi di queste due *Prattiche* reggiane manoscritte ci spostiamo su un altro versante più spiccatamente giuridico, dove attraverso sunti e compendi di opere note prende forma un genere bibliografico più attento alle vere esigenze pratiche degli inquisitori, che sposta il suo baricentro sul processo e sulla sua procedu-

---

[27] Errera (2000, 274-275).

ra, per descrivere in modo coinciso il suo funzionamento e le fasi che lo distinguevano. E poichè i trattati più importanti del tempo – *Tractatus de haresi* del Farinacci, il *Tractatus de Modus procedendi in causiis S. Officii* di Cesare Carena, la *Praxis Iudiciaria* del Locati – ricorrevano ampiamente all'uso di citazioni, allegazioni senza alcun obiettivo di coincisione anzi spesso ampliando la mole di citazioni e di opinioni della dottrina precedente, anche sul versante della forma manoscritta ci si avviò da un punto di vista metodologico a formulare sintesi per Inquisitori. Considerando poi che, con queste ultime due *Prattiche,* ci si avvia all fine del sec. XVII (come si ricava da alcune indicazioni cronologiche interne ai testi), si può assumere come dato certo che la manualistica di fine secolo, dopo il grande florilegio di testi e trattati canonici della manualistica inquisitoriale aulica (Peña, Carena, Farinacci, Locatì) sperimentava, anche in forma manoscritta, una tipologia di compendio formulato sulla 'matrice Masini', però attento alle voci ineludibili della emergente criminalistica settecentesca. Con il secolo dei lumi alle porte, il *reo* sconfina nella categoria sociale del *delinquente,* termine ora usato per indicare anche le varie tipologie giuridiche delle devianze, sottratte ormai al predominio ecclesiastico e apparentate al diritto comune.

Come sempre, sono significativi i documenti e le fonti storiche più dimesse e meno altisonanti, per far emergere una mutata percezione storica e giuridica del *peccato ereticale* nel comune sentire dei tempi e dicono molto più di tanti libri o sonori concetti. In un documento a stampa[28], appartenente cronologicamente al sec. XVII, diffuso dalla Congregazione del S.Ufficio di Milano ma privo di data, l'Inquisitore del tempo, Frate Deodato Gentile Inquisitore, per favorire la costruzione di un nuovo carcere cittadino, rende noto pubblicamente che, a tal fine, per la gestione della

---

[28] ASMo, *Inquisizione*, b. 271, f. VIII, 1671-1700.

nobile impresa è stato incaricato un collegio *di tre ecclesiastici e tre secolari dell'Inquisitione*, e che, dopo pubblico annuncio nella Messa domenicale, si darà avvio alla *colletta d'elemosina* per la *santa opera*. Ma la novità in questo documento è nella categoria delle persone per cui deve essere eretta quest'*opra pia e santa*, ovvero

la moltitudine delle streghe, malefiche, incantatori, superstitiosi e sortileghi non solo di questa città ma di tutto questo Catholico Stato, i quali di più della perditione dell'anime loro cagionano con l'opra del demonio danni notabilissimi nella Republica Christiana... e se bene non si manca di procedere contro di loro con ogni diligenza, tuttavia e per la qualità del delitto di natura sua occultissimo, che manca bene spesso di certezza di prove e per la qualità di deliquenti, i quali sono per lo più donne, non atte a ricevere altro castigo che pena vergognosa di frusta[29].

Considerando i secoli che separano la maturazione di questa nuova percezione della stregoneria, non ci sorprende la svolta decisiva che si è attuata dall'appparato semantico e ideologico di impronta medievale della *stryx, o lamia o malefica,* circolata fin dai tempi della famosa bolla di Innocenzo VIII (*Summis desiderantes affectibus, 1484*) che aveva marchiato la *strega* cristallizzandola nell'immaginario collettivo in un archetipo satanico. Come la storia dei processi e gli atti degli archivi ci hanno confermato, le istruzioni romane avevano più mitigato con punizioni salutari, abiure e pratiche di pentimento, che acceso roghi. Proprio questo documento ci fa toccare con mano questo cambiamento nella percezione collettiva della perdita del significato di eretico, spostato dal piano della coscienza individuale a quello del danno sociale alla comunità. Infatti, il documento continua in brevi e illuminanti punti, a spiegare perché l'opera pubblica e sociale debba essere fatta, poiché

---

[29] *Ibidem.*

col parere della Congregazione del S. Officio qua di Milano (abbiamo) deliberato di fabricare un nuovo carcere, ove rinchiudendo simil mostri di natura, o in vita, o per lungo tempo secondo la varietà dè misfatti, si venga a rimediare che li processati una volta, non tornino dopo à far peggio di prima, e che la voce di questo rigore freni da tal sceleratezza molti li quali confidati nella benignità dè sacri canoni, e nel poco castigo, che se li può dare, sono più facili ad incorrerci[30].

Nel secolo dei lumi gli 'habitelli', le candele e le preghiere lasceranno il campo alle pene e alla rieducazione, implicita nell'espiazione del crimine; l'Inquisitore cederà il posto al giudice penale e il nuovo diritto non annovererà più malefiche ma delinquenti o persone di mala intenzione, e il carcere diventerà il luogo per espiare il delitto e redimersi. Alla luce di queste premesse ideologiche che saranno lo sfondo della futura temperie storica, le *Prattiche* in esame acquistano un nuovo spessore e ci fanno cogliere la progressiva evoluzione che vi era stata nel sec. XVII nella stessa procedura giuridica dell'Inquisizione, cosa che comportò una modificazione strutturale anche della letteratura deputata alla formazione dei giudici. Una connotazione che ha colto A. Prosperi, che a proposito della monumentale bibliografia di E. Van der Vekene ha ribadito che nella fitta selva della letteratura inquisitoriale vi è ancora «da fare un lavoro sistematico di lettura di ordinata catalogazione per genere, materie, autore, destinazione[31]». Anche Paolo Prodi ha riconosciuto che nella storia dell'Inquisizione «molti aspetti rimangono ancora da esplorare, nonostante le migliaia di pagine che sono state scritte sotto l'aspetto giuridico-istituzionale[32]». Nell'eventuale nuova classificazione da riscrivere sulla manualistica inquisitoriale, dovrebbe poi occupare un posto di maggior rilievo proprio lo studio sui com-

---

[30] *Ibidem.*
[31] Prosperi (1998, 8-9).
[32] Prodi (2000, 92-93).

pendi e sui manuali manoscritti, poiché l'indagine pone alcuni interrogativi che solo una comparazione degli esemplari superstiti (e dispersi in più sedi[33]) può convalidare, ovvero si può pensare che copie delle *Pratiche* circolassero manoscritte e fossero prodotte con incessante acribia (come nel caso reggiano) forse da un unico *exemplum* o codice archetipo, come insegna lo Scaglia, e che possano essere state ricopiate nelle sedi o trasmesse da Roma, magari con varianti filologiche o intertestuali, in cui la forma anonima e priva di dati cronologici ne rende difficile l'attribuzione. Queste interpretazioni si possono avanzare anche per questa seconda *Pratica* custodita nell'Archivio Diocesano di Reggio Emilia: *Praxis Criminalis SS.me Inquisitionis,* codice cartaceo di cc. 132 numerate, databile alla fine del sec. XVII come indica un riferimento cronologico contenuto nel cap. VII (*Formula recipiendi denuntiationem...* 10 ottobre 1700).

Il codice reca nella pagina iniziale un segno di possesso...*ad usum Caroli Hyacinthij Belliardi Casalensis O.P. Vicarij Generalis S.Off. Mutine, anno 1741 ... sub die 22 febr. A Suprema Congregatione...* che rimanda all'attività di P. Carlo Giacinto Belleardi Inquisitore generale di Reggio dal 1763 al 1780, indicato anche come Vicario Generale dell'Inquisizione di Modena fin dal 1741. L'opera consta di

---

[33] Errera (2000, 289-290, note 9-10-11, Cap. VI) reputa indicative in questo senso le indagini da approfondire su alcuni esemplari manoscritti di *Prattiche* conservate nella Biblioteca Apostolica Vaticana (BAV) e nell'Archivio della Congregazione della Fede (ACDF), che sembrano indirizzare ad una matrice comune con queste reggiane. Si può ipotizzare che non solo *Pratiche* manoscritte come quella dello Scaglia abbiano avuto una vita fortunata nelle sedi periferiche, ma anche in età più tarda, gli stessi intenti potevano essere alla base di altre compilazioni manoscritte, che avevano una vita erratica, ed erano richieste non meno delle istruzioni epistolari della Sacra Congregazione. Forse alla base di questa ipotesi piò esservi l'assunto che domina tutta la vita burocratica dell'istituzione, che era la pratica a modellare la realtà processuale, più che la dottrina.

due libri, divisi in 30 capitoli[34]: il primo libro si estende per cc. 1-107, il secondo invece occupa le cc. 108-132. Dalla grafia e dalla veste compilativa si rivela quale una probabile copia, redatta nella sede periferica, come rivelano anche altri aspetti stilistici poco curati, ma il raggruppamento in libri, capitoli, paragrafi lo struttura come un testo organico che, come denotano intestazioni e capitoli, è incentrato sul processo inquisitoriale, rispettivamente il *processo informativo* nel primo libro, (che chiude con *et hac quod Processus informativus seu offensivus*); il secondo libro a sua volta è una esplicazione succinta del *Processus legitimativus*. L'opera, che era evidentemente destinata alla prassi, contiene solo la trattazione del processo inquisitoriale ed è scevra dall'illustrare i connotati dell'eresia o enumerare la casistica degli eretici. L'attenzione è dedicata alla materia processuale allo svolgimento del processo nel suo iter – denunzia, circostanze del fatto, modo di ricevere le denunce nei vari casi ereticali che introducevano la causa criminale, il *corpus delicti* e gli accertamenti che lo comprovavano, esame dei testi, che introducono all'*ordo* processuale del tempo

una forma di sistemazione e di divisione tra parte sostanziale e parte processuale che comparve nella dottrina e nella normativa soltanto alla fine del sistema di diritto comune suggellandone per molti versi il tramonto e trovò matura realizzazione solo attraverso la codificazione napoleonica[35].

Nel primo libro sono affrontati tutti gli aspetti legati alla fase del *processo ripetitivo,* fase in cui era concesso all'imputato di difendersi (assistito da un Avvocato) con la produzione di domande da porre ai testimoni ed è riportata la vasta casistica per ricorrere all'uso della tortura (cap. XXII e XXIII), usato come mezzo pro-

---

[34] Liber primus, *De processu informativo* (caput.I-XXX) – Liber secundus, *Quid sit processus legitimativus* (caput I-XIII).
[35] Errera (2000, 200).

batorio di cui disponeva il giudice per emettere una sentenza basata sulla confessione dell'inquisito. Nel secondo libro invece, i contenuti vertono sulla legittimità del processo e sulla confessione dell'imputato, sulla forma e la prassi per legittimare un *processo per ripetizione* (quando i testimoni erano interrogati per la seconda volta). Nel cap. XXII viene enunciato l'aspetto più innovativo della fase conclusiva del processo - l'appello alla Sacra Congregazione di Roma - che operava un controllo sistematico sulla regolarità dei giudizi condotti dagli Inquisitori periferici, riproponendo uno schema ripetitivo ripreso dal Masini nella quarta parte del *Sacro Arsenale - Del modo di formare il processo ripetitivo e informativo.*

In sintesi, tutta l'opera si presenta come un sintetico compendio processuale che intende superare la frammentazione delle *auctoritates* della manualistica inquisitoriale in titoli, capitoli e scholia, per proporsi come un'agile e succinta guida processuale, estrapolando dal *Padre Masini* le linee tematiche funzionali alla prassi del processo e sviluppando le varie tappe della procedura.

Praxis criminalis S.O., seu brevis delucidatio criminalis pre oculis habenda et quesitore violate fidei in sumendis denunciationis examinandis testibus reis constituendis et expedientis

(ADRe, codice cartaceo, sec. XVIII, cc. 208)

L'ultima *Pratica* Reggiana in esame è quella che in assoluto rappresenta al miglior grado la svolta della manualistica di fine secolo, quando la forma a stampa lasciò il passo alla riedizione di antichi capisaldi storici come il *Sacro Arsenale* del Masini e si cercò in brevi compendi a stampa, o in più corposi esemplari manoscritti, l'abbrivo per una concezione giuridica più moderna che trapassava da vecchi schemi ideologici a una concezione del diritto preilluministica. Il codice si presenta con una costruzione ellittica del testo, che rinvia alla più estesa trattazione delle opere utilizzate come fonti, e proprio questa costruzione ci rinvia al problema fondamentale di tutta la manualistica inquisitoriale: l'assenza di un codice normativo uniforme e la necessità di costruire un diritto processuale unitario, nato però da un'ambiguità di fondo, in cui

> l'inquisitore è un giudice esterno in un processo criminale e deve attenersi al mandato ricevuto e alle forme processuali ma l'intreccio con il foro penitenziale è fortissimo[36].

Il processo inquisitorio, rielaborazione dottrinale del rito canonico che contrastava l'eresia, si imponeva con l'avallo della scienza giuridica; il rito inquisitorio era giustificato dalla *ratio* di non lasciare impunito il reo, coadiuvato dalla necessità di ricorrere anche a mezzi straordinari.

> L'*inquisitio* offre maggiori certezze di scoprire il colpevole, garantisce al giudice ampie possibilità nella raccolta delle prove, accelera i tempi d'irrogazione delle pene comprimendo le garanzie difensive[37].

Come le antiche *praticae criminales* (già fiorite nei secc. XIII - XIV), anche i nuovi compendi manoscritti danno corpo, nel contesto di un percorso dottrinario canonico, al modello processuale inquisitorio, dominato dalle prerogative del giudice rispetto all'imputato, da un *ordo* giuridico da rispettare, in cui la dottrina stessa delle *Praticae* si soffermava dettagliatamente sui compiti del giudice ma dava limitati spazi alla difesa, pur garantendo la segretezza del processo informativo.

Questo codice, concepito forse al tramonto delle istituzioni dell'Inquisizione, è un corposo manuale di 208 cc. numerate, rilegato con alcuni documenti a stampa datati al 1780[38]; consta di due

---

[36] Prodi (2000, 93).

[37] Pifferi, voce *Criminalistica in antico regime* in «Enciclopedia Treccani» on- line, p. 3.

[38] Sono alcune lettere di denunce per casi di *sollecitatio ad turpia* e una lettera circolare della S.Congregazione del S. Uffizio a tutti i Vescovi d'Italia del 1752, con allegata l'*Istruzzione da osservarsi nei processi di sollecitazione*.

parti dal diverso tono stilistico e la stessa grafia e l'aspetto stilistico curato ne fa un esemplare non redatto frettolosamente, bensì elaborato con cura da una Cancelleria a questo deputata[39]. Da un primo esame risaltano l'assemblaggio di due testi diversi, per le evidenti differenze stilistiche e concettuali, ma entrambe sinossi esplicative e guida efficace per gli Inquisitori: *Praxis criminalis S.O., seu brevis delucidatio criminalis pre oculis habenda et quesitore violate fidei in sumendis denunciationis examinandis testibus reis constituendis et expedientis.* Già il titolo denuncia una traslitterazione inconsapevole nel termine *delucidatio,* apposto probabilmente in fase di trascrizione del frontespizio dell'opera in un momento successivo; invece nella seconda parte del testo, risalta il titolo *Brevis delineatio,* evidentemente originale, che non occulta il senso della sintetica esposizione della materia giuridica esposta, anzi la esalta. Anche altri elementi interni all'opera ci fanno propendere per una sua datazione cronologica alla prima metà del sec. XVIIII, dato da riferimenti bibliografici esterni più tardi.

La prima parte della *Pratica* come enuncia il titolo è una *Praxis criminalis* di capitoli XXI in 87 cc.; dalla c. 88 alla c. 208 invece è trattata la *Brevis delineatio criminalis pre oculis habenda in sumendis quibusdam denuntiationibus in testibus examinandis reisque : constituendis – Pro S. Officio,* disposta su due colonne per segnare con scholia esplicativi la dottrina enunciata. Già da una prima lettura del testo colpisce la contaminazione dei due generi, corrispondenti non a caso ai momenti dell'indagine processuale. La prima parte si presenta come una vera e propria guida procedurale, come evidenzia anche l'analisi nei capitoli[40] e un repertorio di *specimina* di documenti e di

---

[39] Valgono per quest'opera le ipotesi già avanzate nella nota n. 79.

[40] Capo primo (*Avvertimenti generali per pigliare la denuncia)*; Capo secondo (*Delle persone che concorrono alla denuncia*), Capo terzo (*Forma della denuncia in materia di bestemmia*), Capitolo IV (*Del decreto*), Capitolo V(*Della citazione dei testimonii*), Capitolo IX (*Decreto della cattura del supposto reo*), Capitolo X- XII (*Esame o Constituto del*

istruzioni sulle diverse fasi della procedura, con gli atti e gli adempimenti che segnano il corretto iter processuale.

La seconda parte invece ha una struttura dal taglio giuridico più articolato e tecnico rispetto alla prima ed è connotata da norme giuridiche improntate al nuovo spirito dei tempi,

con una omologazione della prassi giudiziale che connota in modo sempre più marcato il processo criminale[41].

Si può ipotizzare che non siano della stessa mano, o probabilmente composte in momenti diversi, ma non si dispone di dati che suffragano l'ipotesi, come sembra pure verosimile che non siano state concepite in ambiente reggiano ma potrebbero essere sinossi manoscritte circolanti fra le sedi periferiche, alla fine della grande stagione inquisitoriale. Sono ipotesi che meriterebbero un'analisi comparata fra altri esemplari manoscritti superstiti (conservati in Istituti diversi), però consolidano l'ipotesi che nella forma manoscritta continuava l'antitesi fra manuali pratici e il genere trattatistico aulico (a stampa), anzi pare che la forma manoscritta sia stata quella deputata al miglior utilizzo pratico per normare le fasi processuali, laddove permaneva inalterata fino alle ultime edizioni

la divisione tra i sintetici compendi per la prassi e i voluminosi tomi di dotte citazioni, nata agli inizi del XVII secolo al fine di soddisfare rispettivamente le

reo), Cap.XIII (*Esibizione per ripetere li testimonii,presentazione degli articoli e degli interrogatori per fare la ripetizione*); Cap.XVI (*Formola e modo di esaminare i testimonij a difesa del reo*), Cap.XVIII (*Esame rigoroso del reo nella tortura*), Cap.XX *(Decreto ultimo per spedire il Reo, con la forma della citazione ad audiendam sententiam*, Cap. XXI (*Forma delle sentenze e decreti speditivi*).
[41] Pifferi, voce *Criminalistica in antico regime* in «Enciclopedia Treccani» on-line, p. 11.

esigenze pratiche degli inquisitori e le ambizioni di legittimazione scientifica della materia inquisitoriale[42].

Questa sinossi sembra essere un punto di appoggio giuridico importato dalla nuova scienza criminalistica, che in brevi salienti punti, appunto come una *Brevis Delineatio,* diventa una fonte di cognizione per gli stessi giudici e un graduale rimodellamento del loro *modus procedendi.* L'analisi testuale del primo capitolo delle due sezioni permette di fare delle osservazioni preliminari non solo testuali ma specifiche rispetto alle tecniche giuridiche, che dovevano essere adottate nella fase d'inizio del processo da parte dell'Inquisitore:

Parte I (c.1)
Capo Primo
Avvertimenti generali per pigliare la denuncia in buona forma.
Nel pigliare la denuncia del tribunale del S. Officio si deve avere grandissima avvertenza a fare che riesca con tutta la perfezzione possibile perché da essa dipende tutto il Processo che sì avrà da fabbricare, e se la denuncia sarà fatta perfettamente, ne risulterà anco il processo perfetto, sì come sarà manchevole in evento che sia manchevole la denuncia.
Et acciò non sia manchevole ma perfetta si deve dal prudente Inquis.re far comparire in essa 10 circostanze
1 tempo / 2 luogo / 3 occasione del denunciante del delitto del delinquente / 4 numero delle volte del delitto / 5 causa della scienza / 6 inimicizia / 7 complici / 8 testimoni / 9 corpo del delitto / 10 testimoni

Parte II (Brevis delineatio...), c. 68
[...]
Zuffus[43] – de criminale legitimatione processus, quest. 34, n. 4 docet septem esse circumstantias considerandas a judice querenda a teste

---

[42] Errera (2000, 297).
[43] Giovanni Zuffi, celebre avvocato nato a Finale Emilia e morto a Roma nel 1664, di cui si conoscono scarne note biografiche dal Tiraboschi (*Biblioteca modenese,* t. V) ... Zuffi, Giovanni Finalese celebre avvocato in Roma ove ottenne la

P.ma causa quare aliquid factum fuerit vel sit 1.a persona que deliquis 3 locus delicti 4 tempus delicti 5 quantitas discreta vel continua delicti 6 qualitas delicti scilicet qualitas fuerit commissum 7 eventus 8 an eventum motu, vi, errore, dolo, culpa, casu et quomodo

È evidente la differenza e la qualità tecnica delle due parti: un livello testuale e giuridico colto più dottrinario (sottolineato anche dall'uso del latino) predomina nella *Brevis delineatio;* mentre la prima parte usa una serie di *specimina* e di modelli di atti giudiziari dei quali doveva servirsi l'inquisitore. Nella seconda parte già la definizione di *Reus (persona delinquens)* e il prologo (*Querantur a denunciante*) definiscono i profili giuridici della trattazione e ci introducono alla visione del diritto dalla specola della criminalistica, come pure il riferimento dottrinario al famoso avvocato criminalista Giovanni Zuffi ci introducono nel campo della trattazione e del livello di tecnica processuale da adottare per la correttezza del processo.

Questa nuova stagione della criminalistica di Ancien regime approfondisce istituti di diritto sostanziale (come la nozione stessa di *corpus delicti*, distinto a seconda che il reato sia di fatto permanente o transeunte e che comprenda oltre all'elemento materiale anche i profili della colpevolezza e dell'antigiuridicità) che anticipano la grande stagione del riformismo illuministico[44].

Non a caso, alla cc. 92 - 93, la definizione di *corpus delicti* offre questa nuova lettura...

---

cittadinanza e dove finì di vivere nel 1664, è autore delle due seguenti opere: *Tractatus de Criminalis Processus legitimatione, Romae, Tip. Camerae Apostolicae, 1665, in fol, - Coloniae 1722; Institutiones criminales, Roma 1667, in -8;* ancora dà sue notizie Cesare Frassoni in *Memorie del Finale di Lombardia,* Modena, Soc.Tip., 1778, p.150... *mancò nei dì stessi (1664) in Roma Giovanni Zuffi j.c. chiarissimo ed Avvocato insigne, e non meno celebre pè suoi trattati dè processi criminali dati in luce nella quale metropoli di cui fu fatto cittadino...*
[44] Pifferi, voce *Criminalistica in antico regime*, on line, p. 11.

quod factum criminosum seu corpus delicti et in triplici diff.za Aliud dicit facti permanenti aliud facti transeunti et aliud facti difficiles probationis.

E in questa comunicazione tra elaborazione teorica e diritto vivente, la scienza giuridica definisce i profili del giudizio criminale; il grande salto di qualità si è compiuto gradualmente, legittimando lo stile inquisitorio.

il processo inquisitoriale canonico è servito nel passaggio dal Medioevo all'Età moderna, come modello per lo sviluppo della procedura penale statale[45].

Ancora nella prima parte dell'opera ritroviamo esposta la procedura giuridica ma non vi è declinata la casistica degli eretici; invece è ben delineata la schematica presentazione degli atti del processo inquisitoriale o criminale, che è *quadrimembro, cioè informativo, o sia difensivo, ripetitivo o sia legitimativo, diffensivo ed espeditivo...*

Parte I

Cap. XIII – esibizione per ripetere li testimonianza / presentazione degli articoli e degli interrogatori per fare la ripetizione
[...]
Avvertimenti (cc. 36-37)
1 - Il processo criminale è quadrimembro, cioè informativo o sia offensivo ripetitivo, o sia legitimativo, diffensivo, ed espeditivo. Tutti gli atti su or fatti e formati, cioè dal cap. 1 sino al 12 inclusivo appartengono al processo informativo *[seguono spiegazioni su denuncia]*. Perciò il fiscale cava i capi del reato (*vide P. Masini, pag. 183*) si danno al Reo e suo Avvocato acciò sopra d'essi formano gli interrogatori (*vide P. Masini, p. 187*) questo si domanda processo ripetitivo o sia legitimativo perchè nel suddetto si legittimano gli esami già fatti ai testimoni quel processo in questa pratica comincia dal cap. 13.
2 – Tal processo suol essere legittimato in 4 modi. P.mo per la confess.ne del delitto fatta dal reo nè suoi esami, perciò quando gli si esibisce la ripetizione, se

---

45 Prodi (2000, 413).

li dice *in ius in quibus esse peccatus et non plene confessus*. Come nota il *Pasqualone*[46] (pag. 140). 2 quando esibita dal giudice al reo la ripetizione dè testimoni esso risponde che li ha per bene esaminati e legitimamente repetiti (*vide P. Masini, p.189*). 3 quando li testimoni per reità si ripetono, e di nuovo si esaminano (*vide p.188*). 4 quando i testimoni si confrontano col Reo ed in faccia li dicono che ha commesso il delitto quel modo di legitimare il processo nel S.O. mai si pratica o rarissime volte, ed allora per ordine della Sacra Congregatione.

Cap. XV – Esibizione delle diffese, Articoli e interrogatori per le medesime
[...]
Avvertimenti (c. 48)
1 – Ne capitoli 13 e 14 si è trattato del processo legitimativo al quale succede il processo diffensivo perciò in questo capitolo vi si comincia atrattare il modo per diffendere il reo per mezzo del processo defensivo...

La struttura degli *specimina* è mutuata dal Masini, padre nobile della dottrina empirica inquisitoriale, e ne riprende la formulazione degli atti, come eguale forma mostrano pure gli Avvertimenti, ove si fa riferimento alle *auctoritates* di riferimento della dottrina inquisitoriale. Anzi si può affermare che i capisaldi storici della dottrina ci sono tutti: il Masini nella tarda edizione del 1716, commentato dal Pasqualone, il Peña con la sua *Praxis* che domina incontrastato la scena insieme al Carena e al Locati, sono queste le fonti più citate cui riferirsi, come esemplica l'*Avvertimento* del Cap. XVI, alla c. 59:

Cap. XVI - Formola e modo d'esaminare i Testimonij a difesa del Reo
[...]
Avvertimenti (c.59)
[...]
6 – Finiti di esaminare li testimoni a difesa *dice il Pegna* che ad istanza dell'Avvocato se li deve dare la copia del Processo difensivo acciò possa sopra di questo fare qualche scrittura in iure a difesa del Reo. *Il Carena* è di opinione contraria nell'annotazione sopra il capo 57 della *Prattica del Pegna* parte 2ª essendo che nello spazio di 20 anni ne i quali ha avuto maneggio nel S.O. di

---

[46] Il riferimento è all'edizione del *Sacro Arsenale* del 1716.

Cremona mai ha veduto praticare tal cosa perchè da tal pratica può nascere qualche inconveniente mentre più volte anche nel difensivo qualche testimonio depone contro il reo e se a questo si desse la copia sarebbe in cognizione della persona che ha deposto contro di lui sapendo già li nomi d'essi esaminati. A questo però si può rispondere o sostenere l'opinione del *Pegna* e dare detta copia *suppressis nominibus testium et ad suppressis aliis sopprimendis* nella maniera che si fa quando si dà la copia del processo deffensivo.

E dopo scritto sin qui_*mi capita sotto l'occhio per d.dubio il seguente decreto della Congreg.ne del S.O. Inquis.nis Aquileja*[47]: *Lectis litteris quibus significet dubitare an scias o tradere copiam processus pro personas in litteris eductos. Decretum ei rescribendum ut des copiam processus Defensivi Avocato et procuratores Rei, cum iuramento de servando segreto et ita evitata ea de quibus in dictis litteris* (1657, 14 Maij).

Le fonti di riferimento usate, con il loro smontaggio e rimontaggio, modellano il processo inquisitoriale con la consapevolezza critica che nessun manuale sia esente da mende e solo riorganizzando le fonti canoniche si possono isolare le norme da applicare. Anche in epoca di tarda Inquisizione, la ricostruzione della procedura si avvale di una pluralità di manuali (anche distanti cronologicamente e talvolta anche soggetti a critiche postume) che non danno, per periodo di redazione e per impostazione metodologica, il quadro processuale di un certo momento storico, come dimostra la chiusa finale di questa prima parte.

Cap. XXI – Forma delle Sentenze e Decreti speditivi
Avvertimenti (c.86)
3 - [....] *Sim(anc)as, 3 p.q.46: Pegna ibidem, Farinacius, de heresi, p.189, n.60. Berd.us, cap.40, n. 60, Salelles, lib.5, reg: 376, Simanca. Tit.30, n.9- Carena, lib.4, n.10, Passevinus, de hereticis, pag. 24, n.32; Dianna. Pag: 4, tract.: 8, resol. : 50; card: De Albiciis, de inconstantia in fide*

---

[47] Il riferimento al decreto citato dell'Inquisizione di Aquileia sembra suggerire un ampio punto di osservazione che tiene conto anche di fonti prodotte in altre sedi periferiche, per rafforzare il proprio punto di vista e conferma la diffusione nelle sedi della produzione normativa elaborata da altre Congregazioni provinciali.

Anche in questa *Pratica* le *lamie* e le malefiche appartengono al passato e, pur permanendovi i delitti di blasfemia, di poligamia, di sortilegio, appaiono con un nuovo profilo giuridico, come denuncia ampiamente la seconda parte della *Brevis delineatio,* che rivisita l'antica prassi giuridica inquisitoriale, alla luce dei dotti profili criminalistici dello Zuffi, del Farinacci, esponenti di grido delle nuove *Praxis* criminali.

La forma in cui ci è giunto questo testo e i documenti con cui fu rilegato nella sede di Reggio - due lettere indirizzate all'Inquisitore di un Vicario, datate 1779, relative ad una denuncia per un caso di *sollecitatio ad turpia,* con acclusa una *Istruttione* della Sacra Congregazione di Roma del 1752, relativa alle modalità da osservarsi nei processi di sollecitazione in confessione - sembra voler accostare questa diligente sinossi al caso ereticale, che rimaneva anche alla fine della lunga stagione dell'Inquisizione, l'ultimo baluardo dei peccati di eresia.

Nel sec. XVIII, in un momento di massiccia burocratizzazione dei tribunali dell'Inquisizione, con la fossilizzazione delle eresie il solo crimine che continuò a produrre processi e condanne rimase proprio il reato di *sollecitatio,* nonostante il calo dei processi e la circolazione delle nuove idee illuministe. Perciò non sembra un caso questo assemblaggio, anzi pare suggerire una doppia chiave di lettura del codice:

- come guida sinottica nella raccolta di prove, nell'esame dei testi e di tutta la procedura per legittimare il processo inquisitoriale; il tutto veicolato sulle orme delle indicazioni pragmatiche del Masini, sulla dotta impalcatura del Carena e dell'immancabile Peña della *Praxi*s;

- fissare le regole giuridiche nella *Brevis delineatio* con l'apporto della scienza criminalistica di giuristi come Zuffi, Farinacci, come fanno intravedere la struttura delle *quaestio,* in una concezione del diritto comune, esemplata in forma di compendio e sunto.

Si può certo ipotizzare che l'attività inquisitoriale del tribunale reggiano sia stata improntata a un maggior zelo applicativo, data la quantità di sinossi manoscritte elaborate e pervenuteci, oppure erano i rapporti che quella sede inquisitoriale aveva con i poteri locali laici e religiosi a giustificarle, dal momento che l'attività di un tribunale era una variabile dipendente anche da questi fattori. Probabilmente l'attività processuale che originò a Reggio trae la sua ragion d'essere dalle variazioni o dai condizionamenti imposti esternamente al tribunale, che ne indirizzarono anche l'attività. Se è vero che un assortito panorama di manuali a stampa girava per le sedi, e gli inquisitori li compulsavano e li smontavano in agili sinossi di procedura a stampa o manoscritte e in tanti lemmari, istruzioni *ad usum fori* che conformavano l'attività di ogni sede; è anche vero che ciascuna sede – nelle figure di zelanti e diligenti funzionari della fede – ne faceva delle proprie 'istruzioni per l'uso' elaborando una materia inquisitoriale scomposta nelle sue parti ma efficace allo scopo, un diritto inquisitoriale mai teorizzato, che la pratica però creò a suo uso e consumo, fino alla fine di quell'Istituzione giuridica di Antico regime.

Bibliografia

Errera, A. (2000) *Processus in causa fidei. L'evoluzione dei manuali inquisitoriali nel secolo XVI-XVIII,* Bologna, Monduzzi.

Errera, A. (2010) voce *Manuali per Inquisitori* in *Dizionario storico dell'Inquisizione,* II, pp.975-981.

Pifferi, M. voce *Criminalistica in Antico regime* in «Enciclopedia Treccani on-line».

Prodi, P. (2000) *Una storia della giustizia. Dal pluralismo dei fori al moderno dualismo tra coscienza e diritto,* Bologna, Il Mulino.

Prosperi, A. (1996) *Tribunali della coscienza. Inquisitori, confessori, missionari,* Torino, Einaudi.

Prosperi A. (2010) *Inquisizione romana*, voce in *Dizionario storico dell'Inquisizione*, II, p. 821.

Tedeschi, J. (1987) *Il giudice e l'eretico*, Milano, Vita e pensiero.

Tedeschi, J. (2010) voce *Desiderio Scaglia* in *Dizionario storico dell'Inquisizione*, III, p.1391.

PARTE II

I libri delle *prudenti censure'*

3. *In materia di libri dannati e sospesi.* Inquisitori e censura nello Stato Estense

Diversi studi sulla censura ecclesiastica nei secoli XVI-XVII hanno evidenziato che, mentre sull'attività degli Inquisitori si è potuto ricostruire molto per l'abbondanza delle fonti documentarie pervenuteci (come processi ed atti giudiziari), invece molto meno si sa (per l'esigua documentazione rimasta) sulla censura libraria, sugli Indici dei libri proibiti del 1559 e del 1564 e su come la normativa fissata nei cataloghi sia stata tradotta in concreta pratica censoria nonché sulla sua ricezione, a livello di sedi locali periferiche, da parte degli attori in campo: autori, autorità statale ed ecclesiastica.

La lacunosità delle fonti ha infatti necessariamente portato a privilegiare la ricostruzione delle conseguenze della repressione sul generale clima culturale della penisola, sulla produzione e sul commercio librario, o su determinati autori e categorie di opere[1].

Altrettanto scarsi sono poi i dati conoscitivi sugli uomini chiamati a eseguire sul territorio le direttive romane e i modi con cui provvidero ad applicare le regole degli Indici, ovvero gli aspetti organizzativi del sistema di controllo predisposto dalla Chiesa per bloccare la circolazione di opere ritenute pericolose. Nello stesso tempo

Dei diversi aspetti del lavoro di censura degli Inquisitori stranamente si sa pochissimo o quasi nulla, nonostante esso fosse uno degli aspetti più rilevanti nel controllo della stampa e uno dei punti più delicati dei conflitti tra Stato e

---

[1] Fragnito (2001, 1-36).

Chiesa. Solo ogni tanto tracce sparse, emergenti dalla grande massa dei processi inquisitoriali o da altre fonti, lasciano intravedere la complessità dell'intervento del S. Uffizio nel campo della censura[2].

Anche l'Archivio di Stato di Modena, che conserva un ben ordinato fondo archivistico del tribunale dell'Inquisizione di Modena[3], attivo per oltre due secoli sul territorio con una rete capillare di controllo, non sfugge a quest'aspetto. Pur presentando una ricchissima documentazione riguardo all'attività giudiziaria invece, sull'attività censoria e sul controllo della stampa, possiede una documentazione scarsa e frammentaria:

> È da osservare che, per quel che riguarda la documentazione, quella esistente nel fondo non rispecchia in realtà le proporzioni di sviluppo dell'attività delle due funzioni, anche perché molto del materiale sottoposto a censura è finito altrove (ad es. nella serie *Letteratura* della artificiosa miscellanea *dell'Archivio per Materie della Cancelleria Ducale Estense*)[4]

Ma uno studio sulla censura ecclesiastica, non circoscritto ad un solo territorio può o dovrebbe prevedere una visione alternativa ad un'ottica che implica solo una visione 'dall'alto' della problematica censoria, quindi deve anche focalizzarsi su una sua visione 'dal basso'.

> In altre parole, spostare l'attenzione dal processo di formazione delle decisioni dalle autorità centrali, all'applicazione e all'incidenza di tali decisioni in ambito locale[5].

I documenti esaminati mostrano quanto l'autorità ecclesiastica si sia attivata per esercitare un potere repressivo di sorveglianza, persino sull'autorità civile, nel momento di massimo rigore

---

[2] Cavarzere, (2001, 51).
[3] ASMO, *Inquisizione*, bb. 1- 303 (dal 1275 al 1785).
[4] Trenti (2003, 19, nota n. 36).
[5] Borromeo (1984, 219-275).

dell'applicazione dell'Indice Clementino del 1596, fino a un controllo più sfumato nei primi decenni del '600, quando il disegno di un'egemonia centralizzata sulla stampa si rivelò utopistico e inefficace. Scontro che nello Stato Estense si rivelò appieno nel momento del rogo dei libri di una famosa 'Duchessa eretica', Renata di Francia; e che non si astenne neppure dall'esaminare una famosa *Bibbia Estense*, quella *francese di Niccolò III d'Este*, gioiello di corte della Biblioteca ferrarese degli Este, nel 1589. Non molti anni dopo Cesare d'Este, che negli anni del rigore dell'applicazione del Clementino aveva già ceduto alla Chiesa sul piano dei propri territori, assicurava nondimeno, che

> nei tempi del Signor Duca Alfonso gli hebrei di questa città non habbiano mai ubbidito agli Inquisitori nel portare et far purgare i libri loro, né sia stato mai per ciò provveduto contra essi per quel che dicono, io nondimeno ho voluto, e voglio che ubbidiscano, sì come fanno[6].

In effetti, sui libri proibiti, propri e degli altri, il Duca procedeva come si conveniva; poiché, all'alba del Clementino, dai documenti modenesi sembra che nessuno fosse escluso dalla sua osservanza, neanche gli stessi Duchi.

L'Inquisitore/censore

Gli studi sull'Inquisizione si sono per lo più focalizzati sulle figure degli inquisiti e spesso sono rimasti nell'ombra, in un cono opaco di luce, le figure dei giudici, degli Inquisitori, che una vasta letteratura ci ha consegnato spesso nelle vesti accusatorie di truci 'poliziotti della fede'. Ribaltando le posizioni per capire meglio la portata storica dell'Inquisizione, bisogna porsi anche dalla parte

---

[6] Lettera di Cesare d'Este al fratello. Cardinale Alessandro d'Este, 8 luglio 1600, in ASMO, *A.S.E., Casa e Stato, Carteggio fra principi Estensi*, b. 87.

del giudice, dell'indagatore, di coloro che per più di due secoli trasformarono il loro ruolo e i compiti, in un lungo periodo di attività segnato dalla convergenza di due grandi intenti: la difesa della vera religione e il consolidamento di una struttura di potere.

Per spostarsi dal piano giuridico dei processi a una ricerca storica sugli Inquisitori, ci si deve spostare allora da una documentazione d'archivio a una 'di biblioteca', per mettere a fuoco la cultura degli Inquisitori, la loro formazione e la loro carriera, i loro apparati intellettuali e le loro categorie concettuali nel contesto dei saperi del loro tempo e come queste si modificassero. Quindi occorre inquadrare la loro figura sociale, le abilità e le funzioni che esercitavano, che nel corso del tempo si modificarono con l'ampliarsi dei compiti, giacché, quando l'immagine dell'eretico e della strega sfocano, ci fissiamo sui loro giudici per conoscerne la storia e le loro attrezzature intellettuali. Quali fossero, all'alba dell'insediamento della novella sede inquisitoriale di Modena (1598), le qualità del 'buon Inquisitore', lo chiarisce in una lettera il Cardinale di Santaseverina al nuovo Inquisitore di Modena, P. Giovanni da Monfalcone: «prudenza e zelo nel servizio del Signore Iddio» che erano fondamentali «con quella fede et integrità che si conviene in negozio di tanta importanza»; quindi la migliore dote per il 'buon Inquisitore' era la prudenza.

> Prudenza significava conoscere regole, leggi e teoria, ma contemporaneamente avere l'abilità di adattarle a contingenze specifiche, a reali rapporti di forza, nonché capacità di saper cogliere le tracce dell'eresia sotto molteplici travestimenti[7].

Anche secondo il giurista Francesco Peña qualità indispensabili per gli inquisitori erano la conoscenza del dogma e delle eresie antiche e moderne per svolgere in modo appropriato il loro com-

---

[7] Biondi, G. (2014, 9).

pito. Infatti, era prioritario perseguitare gli eretici nella vasta area geografica di loro competenza ed esercitarvi altre forme di controllo delle idee, per esempio quelle diffuse dai libri, che potevano sfociare in forme di devianza religiosa. Perciò la censura sulla stampa fu l'altro compito che si assommò specularmente all'attività degli inquisitori ed entrambe – lotta alle eresie e lotta alle ideologie non confacenti al pio cristiano – portarono a un controllo generalizzato della vita sociale ed etica della comunità. Come ha chiarito Albano Biondi, «nel momento in cui l'Inquisizione si radicò sul territorio né scaturì un capillare controllo e una messa a punto dei compiti degli Inquisitori che definiscono i confini dei poteri reali del tribunale dell'Inquisizione alla fine del '500».

Di fatto, si sa molto sul lavoro degli inquisitori in quello che era la loro principale funzione, cioè la repressione dell'eresia mediante il processo inquisitoriale, attività in cui erano attentamente sorvegliati dalla Sacra Congregazione. A questo si accompagnava un complesso di funzioni che dimostrava quanto gli Inquisitori fossero oberati di lavoro e che dalla loro prestigiosa carica discendevano una quantità di gravosi impegni[8]. I compiti della *professione* nel campo giuridico spaziavano dalla verifica della fama circa la presenza di eretici nella zona di competenza del tribunale, l'eventuale accoglimento delle denunce, lo svolgimento dell'attività istruttoria verso i 'rei', l'assunzione di testimonianze, lo svolgimento del processo in tutto il suo *iter* giuridico. Seguivano poi una serie di funzioni legate all'attività inquisitoriale: esecuzione delle sentenze, delle abiure, accertamento delle penitenze inflitte, sorveglianza del 'reo' nell'espiazione della colpa. A ciò si accompagnavano aspetti gestionali alla funzionalità dell'istituzione: dirigere e controllare l'operato dei collaboratori e

---

[8] Errera (2000, 155-158).

dei 'familiari', organizzare meticolosamente la gestione finanziaria della sede, curare la tenuta dell'archivio con le precedenti condanne inflitte per verificare l'eventuale condizione di *relapsus* del reo. Inoltre, e non da poco, era gestire i rapporti con il Vescovo (e coordinare la sua attività con la Diocesi) e infine misurare i rapporti con l'autorità politica civile per bilanciare con accorte mosse le scelte politiche più adatte per ottenere 'il braccio secolare' per castigare i rei. A ciò si associava anche l'attività informativa verso le autorità centrali, che imponevano la maggior parte delle decisioni da assumersi in merito alle scelte processuali, e infine il processo di comunicazione verso il basso, ovvero con il popolo della città e del contado, con editti e bandi per la presa di coscienza dei propri doveri di 'buon cristiano', in cui venivano ribadite le proibizioni generali. Da questi aspetti dell'attività di Inquisitore, il lavoro di controllo sull'editoria e sulla stampa è stato spesso avulso o sottostimato dalla ricerca storica; invece costituiva l'altra faccia della sua professione: quella di censore. Ed anche in questo campo il lavoro svolto dagli Inquisitori era enorme e si manifestava in diversi settori, dove il controllo sul mercato librario ne era solo una parte. Infatti, per esercitare la loro attività in funzione di 'polizia del libro' gli inquisitori si producevano in una molteplicità di interventi:

dalle visite alle dogane, ai porti, alle botteghe dei librai, alle tipografie e a sospette biblioteche di privati e di ordini religiosi, dai roghi di libri sequestrati ai procedimenti contro i trasgressori (prevalentemente librai e tipografi), dal rilascio di licenze di lettura alla registrazione delle denunce degli *sponte comparentes,* dall'esercizio della censura preventiva ed espurgatoria all'impegno nella predicazione[9].

[9] Fragnito (on line, 30).

Tutto ciò che girava intorno al libro, dalla sua produzione alla sua circolazione, non doveva sfuggire al 'buon Inquisitore'. Infatti, gli spettava la visita alle botteghe dei librai e dei tipografi, le ispezioni doganali, il controllo sulle biblioteche dei privati (e non solo, anche Principi e Cardinali non si potevano sottrarre): in generale una vigilanza scrupolosa sulle letture dei fedeli e il controllo su tutte le opere a stampa (e manoscritte) che si stampavano nella sua giurisdizione. Inoltre potevano esercitare un controllo a più ampio raggio sulla circolazione dei libri e sui mezzi della loro diffusione: ispezioni alle navi, fiere librarie sottoposte a controllo, sequestri di merci alle dogane. Però non potevano sottrarsi ai continui ammonimenti delle autorità romane che li esortavano a sorvegliare sui commerci clandestini, sulle astuzie tipografiche escogitate dagli stampatori (false date, falsi luoghi di stampa), e quindi a vigilare anche sul bene-libro come bene di consumo per l'impatto negativo che avevano i sequestri sul mercato editoriale quale causa di perdite per i tipografi. Una discreta documentazione rispetto alla funzione censoria la offrono i carteggi intercorsi tra la Sacra Congregazione e il tribunale modenese, che, per quanto compatto per la parte processuale, risulta abbastanza lacunoso e sfrangiato per la documentazione relativa alla censura libraria. Solo fra le pieghe di alcune lettere intravediamo barlumi di quelle funzioni. In una lettera inviata all'Inquisitore Arcangelo Calbetti nel dicembre del 1600 dal Cardinale di Santaseverina, gli viene intimato di ritirare dalle stampe un libro stampato dal tipografo locale Giovanni Maria Verdi, relativo alle pretese su Comacchio del Duca d'Este: «V.R. faccia di cui l'Officio suo e se ne informi e mandi qua un volume di detti Consigli e faccia osservar gli ordini dati alli stampatori in materia dello stampar nuovi libri». E la risposta del Calbetti fu immediata: facendo uso di 'diligenza e secretezza' si adoperò «di persona a veder le librarie e farmi dare in oltre la nota dei libri stampati dal sud.to da pochi mesi in qua, ma non ho potuto scoprire che tale libro sia stato stampato né da lui né da altri in questa Città». Dalle lettere e dagli editti intravediamo un'attività esplicata con costanza, ma purtroppo non si rinviene molta documentazione superstite relativa al periodo secentesco, di certo mescolato con altro materiale documentario conservato nelle buste miscellanee del *Fondo Inquisizione* nell'Archivio di Stato di Modena - ancora da scandagliare - e per lo più anonimo e senza data. A ciò, si devono aggiungere anche i rimaneggiamenti delle carte a fine '800, quando gli archivisti le raggrupparono per materie, creando fondi artificiali e quindi depauperando i fondi originari. E che il materiale fosse quantitativamente maggiore, e riferibile per lo più al periodo settecentesco, è confermato dal *Registro*[10] databile ai primi anni dell'800, dove viene elencato il materiale sottoposto al tribunale dell'Inquisizione per *l'imprimatur,* funzione svolta dagli Inquisitori fino alla prima metà del '700 quando la facoltà divenne di esclusiva competenza civile. Nel *Registro* suddetto le filze elencate sono numericamente consistenti: n. 19 filze con dicitura *Particolari* (per lettera alfabetica), n. 2 filze di manoscritti, 3 filze di componimenti teatrali, n. 4 filze di gazzette, poesie e opuscoli diversi, 1 filza di canzonette, calendari e lunari, ed ancora 11 filze con dicitura *Particolari* di manoscritti e stampe *spettanti ai medesimi che erano fra le carte della soppressa Inquisizione* (in ordine alfabetico).

È lecito supporre che una parte fosse stata incamerata anche con il materiale proveniente dal soppresso tribunale dell'Inquisizione di Reggio Emilia nel 1780, come era successo con le carte dei processi ed anche con qualche manuale per gli inquisitori. Di certo la consistenza fa supporre che parte dei materiali sia confluita in altri fondi dell'Archivio - ad esempio nelle *Gazzette* conservate nei Periodici Antichi della Biblioteca - ed al-

---

[10] ASMo, *Cancelleria Ducale, A.S.E.,* parte2/a, *Prospetto generale di tutte le filze… esistenti nel Reale Archivio Segreto.*

trettanto per molti calendari o materiali affini emigrati nelle Buste di *Astronomia e magia* del Fondo *Archivio per materie*. Quindi, per una disamina sui fatti attinenti alla censura nel corso del sec. XVII, fanno fede soprattutto i *carteggi* con la Sacra Congregazione, in quanto la maggior parte delle circolari sulle proibizioni dei libri inviate da Roma giungeva manoscritta, e gli *Editti e i bandi*; mentre per il resto della produzione a stampa, anche di generi bibliografici diversi (avvisi, fogli volanti, lunari), si evince, come dimostra la quantità di documentazione superstite che ci è giunta, che, seppure gli Inquisitori non riuscissero a controllare tutto quanto circolava, non vi era nessun genere che fosse escluso dalla loro sorveglianza.

Nel corso del sec. XVIII l'Ufficio del tribunale accrebbe la sua composizione numerica, e con la stabilità della struttura burocratica si formalizzò nella sua composizione: nel personale addetto al funzionamento del tribunale si contava anche quello con specifiche mansioni di controllo sulla produzione editoriale, vari revisori addetti per mandato della Sacra Congregazione dell'Indice (almeno nel '600) alla sorveglianza delle opere che andavano a stampa, ognuno specializzato in una lingua o in una materia (opere ebraiche, opere francesi, teologia e filosofia). Le loro identità le conosciamo da liste di patentati e personale del tribunale che si ritrovano nel fondo, e quando ormai la struttura era oleata e in perfetta efficienza, l'Inquisitore li poteva nominare a sua discrezione e poteva variare, anche in considerazione delle competenze necessarie. Sempre nel corso del '700 il personale del S. Uffizio aveva spesso incarichi nell'ambito del potere secolare. Anche riguardo la censura vi fu commistione fra questi incarichi ecclesiastici e secolari: ad esempio a metà '700 il censore ecclesiastico Pellegrino Loschi fu scelto dal Duca anche come Segretario del neo riformato Magistrato di Giurisdizione Sovrana. Il segno di una prassi censoria, come attitudine e funzione burocratica ineludibile, è provato dal giuramento[11] che dovevano apporre stampatori e librai davanti all'Inquisitore, che trova una sua giustificazione anche

> con le condizioni della tipografia nell'Italia del '600, caratterizzata da una diffusione capillare delle stamperie su tutto il territorio nazionale, anche se spesso queste producevano solo stampa di servizio e lavoravano generalmente sulle commesse delle autorità religiose e civili[12].

L'applicazione dell'Indice Clementino a Ferrara

Non sembra a tutt'oggi indagato, all'alba della promulgazione dell'Indice Clementino nel 1596, la sua applicazione nel Ducato Estense di Ferrara e i riflessi che ebbero nella cultura della Corte, ma alcuni documenti archivistici ne danno un'idea illuminante.

Di certo l'Indice di Clemente VIII

> fu la più sistematica, la più capillare, la più penetrante operazione condotta dagli organi censori allo scopo di eliminare le ultime fiaccate resistenze al conformismo culturale, morale e religioso imposto da Roma e di snidare da case e botteghe, canoniche e confraternite, conventi e monasteri opere a stampa e manoscritte che erano sfuggite ai precedenti roghi e sequestri[13].

Dagli anni in cui erano apparsi i primi Indici (Paolino, 1559; Tridentino, 1564), la Sacra Congregazione di Roma aveva incrementato il controllo sul territorio potenziando la rete dei tribunali locali e dei Vicariati foranei, dotandoli di un folto numero di familiari; per cui l'applicazione del nuovo Indice, affidata sia agli ordinari che agli Inquisitori, poteva solo trarre vantaggi da questa loro capillare e assidua presenza.

---

[11] ASMo, *Inquisizione,* b. 303, "Tavoletta del giuramento da farsi di stampatori e librari".
[12] Cavarzere (2001, 53).
[13] Fragnito (1997, 23).

Dalle fonti pervenuteci la campagna di informazione del nuovo Indice Clementino fu estesa e pubblicizzata:

All'indomani della promulgazione dell'Indice Clementino appare quindi delinearsi con chiarezza il progetto della Congregazione dell'Indice di definire e distinguere le competenze dei due dicasteri e di subordinare gli Inquisitori ai Vescovi nel campo della censura. Emerge anche la volontà dei Cardinali di ottenere da parte degli Stati regionali la rapida accettazione e pubblicazione dell'Indice e di provvedere alla sua applicazione con efficacia, sistematicità e capillarità[14].

A Ferrara la procedura fu attivata con zelo dal Vescovo Giovanni Fontana e dall'Inquisitore dello Stato Estense Battista Finario, con un Editto pubblicato dal tipografo ferrarese Giovanni Baldini nel 1596.

Giovanni Fontana a capo della Diocesi dal 1590 al 1611 si era mostrato fin dalla sua nomina molto sensibile alla materia libraria con una politica che traeva ispirazione dall'attività di Carlo Borromeo[15].

Non bisogna dimenticare, infatti, che le istruzioni pubblicate erano impostate a una grande uniformità e a una certa identità rispetto ai modelli centrali e, come in altre realtà locali, anche a Ferrara il Vescovo Fontana, nella città che aveva visto i fermenti luterani di Renata di Francia e della sua Corte serpeggiare intestini, diede diffusione all'Indice facendolo pubblicare da un predicatore in Duomo e facendolo affiggere davanti alle porte di tutte le Chiese di Ferrara, affinché nessuno potesse accampare ignoranza. L'Editto del 1596, promulgato per contrastare la peste ereticale che si diffondeva dai libri, ripercorreva e regolava tutte le fasi della circolazione libraria: dalle liste dei libri posseduti, all'attività dei

---

14 Fragnito (2001, 7).
15 Rebellato (2008, 32).

«Librari, stampatori, gabellieri, mastri di posta et heredi», anche gli ordini religiosi erano coinvolti sia nella diffusione dell'editto che nella compilazione di liste di libri, sia di uso comune che personale. Si tirava anche in ballo il sacramento della confessione e lo 'scarico di coscienza': i trasgressori ottenevano l'assoluzione solo se portavano al Vescovo e all'Inquisitore la lista dei libri posseduti. Anzi si intimava «a chiunque dello Stato si ritrovi libro alcuno... di riconoscere ogni suo libro, e Libraria, e farne fedelmente la lista di quelli, e col suo nome proprio fra detto tempo - tre mesi - presentarla al S. Officio, per essere approvati secondo l'Indice, e se sia bisogno, emendati e corretti[16]». E l'inusitato rigore, susseguente alla sua applicazione, come confermano le fonti archivistiche, è testimoniato dal fatto che

> l'esecuzione delle Direttive romane relative al sequestro delle opere proibite e sospese sia stata sistematica e capillare, penetrando in remote aree rurali e montane, nelle biblioteche pubbliche e private, in conventi e monasteri, canoniche e confraternite, collegi e Corti principesche[17].

Vi sono delle testimonianze provenienti dalla Corte Estense, da Ferrara prima e da Modena dopo, corroborate da documenti inquisitoriali, databili ai periodi della reggenza di Alfonso II a Ferrara e di Cesare d'Este a Modena, a confermarci che l'attività di repressione dell'Indice, nel momento di applicazione del Clementino, arrivò fin dentro le Corti e fu pari allo scontro di potere con gli inquisitori, dimostrando che le 'prudenti censure' non furono meno pervasive dell'istituzione dei Tribunali dell'Inquisizione, insediatisi nel 1598, sia Modena che a Reggio, nel momento storico di massima frizione fra la Casa d'Este con lo Stato della Chiesa, all'alba della devoluzione di Ferrara alla S. Sede. La convalida del-

---

[16] ASMo, *Inquisizione*, b. 270, fasc. IV, Decreti 1582-1598.
[17] Fragnito (2001, 18).

lo scontro di potere, Ducale ed ecclesiastico, messo in campo dalla Congregazione dell'Indice, è data dalla testimonianza offerta da una famosa lettera[18] del 1600 del Duca Cesare d'Este, diretta a Roma al fratello Cardinale Alessandro d'Este, che tocca il punto nevralgico della questione: i rapporti con la Chiesa all'alba dell'insediamento della novella sede inquisitoriale di Modena e l'uso del 'braccio secolare' richiesto dall'Inquisitore. Nella stessa lettera si fa riferimento anche al rogo dei *libri eretici di Renata di Francia* (nella biblioteca del Duca Alfonso) murati nel Palazzo dei Diamanti a Ferrara, al momento della dipartita della Duchessa per la Francia, rinvenuti fortuitamente[19]. E mentre sul rogo dei libri Cesare d'Este accusa il colpo ed esegue l'ordine imposto dalla S. Congregazione in maniera 'prudente', sulla sua autorità di Principe e Capo dello Stato si oppone con fierezza perché «se si pensasse di introdurre novità nello stato mio, et contra l'uso degli altri principi della mia classe, io sarei in obbligo di non comprovarlo». Data la rilevanza del ritrovamento dei libri della Duchessa in fama di eresia, l'Inquisitore di Modena ne riferì al Papa e al S. Uffizio per un consulto sull'argomento; in risposta dal S. Uffizio si convenne di procedere come per gli altri casi, solo usando maggiore circospezione «*non esse ex abrupto procedendum*» ma spiegando al Duca Cesare che l'ordine doveva partire dalla sua persona e non essergli imposto «*significandum Duci et ipsemet Bibliothecam et scripturas visitare et espurgare faciat*[20]».

---

[18] La lettera è conservata nel Fondo ASMo, A.S.E., *Casa e Stato, Carteggio fra Principi Estensi*, b. 87.

[19] Le parole di Cesare d'Este, con riferimento al caso sono riportate da Fontana, 3, (1899, 358-359).

[20] Archivio per la Congregazione della Fede (d'ora in poi ACDF), *Decreta SO*, 1600 (ff. 188-193), su gentile concessione di Mons. Alejandro Cifres, Direttore dell'Archivio Segreto Vaticano, e con la collaborazione del Dott. Daniel Ponziani.

...De biblioteca Ducy Mutinae relicta ab Alphonso Ferrariae Duce ac scripturas Ducissae Renatae, lectis literij Inquisitorij datj – 22 Aprilj, Ill.mi d.mi censuerunt non esse ex abrupto procedendum, se significandum Duci ut ipsemet Bibliothecam et scripturas visitare ac espurgare faciat...

(ACDF, *Decreta SO*,1600, f. 188)

...Pro sancto Officio Mutinae, lectis relationibus factis in Congrtatione Ill.morum D.norum – 20 huius SSmy illas approbavit, ac madavit iuxta illimarum tenorem Scribi Duci Mutinae ac Doctori Imolae eius Consiliario quoad visitationem Bibliothecae ipsius Ducj, fiat verbum eum Ill.mo D.no Cardi.li Estensi...

(ACDF, *Decreta SO*,1600, f. 193)

E che le Corti dei Principi dovessero conformarsi ai decreti del S. Uffizio in materia di censura libraria, è ribadito anche in un decreto rivolto al Duca di Mantova nel 1605, dal tono meno circospetto ma certo non meno intransigente[21]. A Modena, al decreto del S. Uffizio seguì la risposta data all'Inquisitore che ingiungeva di procedere secondo le Superiori decisioni[22].

Al rev. Padre
Il Padre Inquisitore di Modena
Rev.Padre.Dalla lettera di Vostra Rev.tia il 22 di aprile si è inteso quanto Ella scrive della Libraria di S.Alt.za et scritture della Duchessa Renata lasciate dal Duca Alfonso di Ferrara, et essendosi del tutto fatta parte a sua S.ta la Beatitudine Sua ha ordinato, che se ne parli qui all'ill.mo Card. D'Este, acciochè scriva a Sua Alt.za che da per se stesso faccia visitare et repurgare la detta libraria, et scritture per il pericolo che ne può succedere ad altri alla giornata. Ne mi occorrendo altro, stia sana, et il Sig.re la conservi nella sua santa gratia.

---

[21] ACDF, *Decreta SO*, 1600 (f. 668) *...lectis literis Inquisitoris Mantuae datj die -15 Aprilj, decretum ut mittat notam librorum Ducj, quos sibi restitui petit et censuram ad illos...*
[22] Fontana (1899, 357-358).

Di Roma il primo di luglio MDC
Di V.stra Rev.tia
come fratello
Il Card. Di S.ta Severina

E nel fuoco, come informa Cesare d'Este, si consumò la definitiva censura di Renata di Francia e della sua cerchia.

La censura della Bibbia 'Gallica' di Niccolò III d'Este (1589)

Ancora prima, nel 1589, era caduto sotto l'occhiuto controllo dell'Inquisitore un altro cimelio della gloria Estense: la cosiddetta *Bibbia francese di Niccolò III d'Este,* superbamente miniata da Belbello di Pavia, fatta allestire nel 1434 (ora alla Biblioteca Vaticana)[23], prima 'Bibbia Estense' universalmente famosa e punta di diamante di uno dei primi inventari del nucleo librario della Biblioteca Estense a Ferrara, testimone del tempo in cui il francese era la lingua d'uso a Corte (probabilmente anche per il matrimonio di Niccolò d'Este con Ricciarda di Saluzzo, di madrelingua francese).

Infatti, proprio l'inventario del 1434 conferma il cospicuo possedimento dei libri «in franxese» della Corte.

Il loro cospicuo insieme costituisce un segno forte del radicamento in questa area padana, tra Ferrara e Mantova, di una tradizione linguistica (francese e francoveneta) culturalmente ancora forte nel 1436, ma presto destinata a esaurirsi, stretta tra l'istanza classicistica dell'Umanesimo e la normalizzazione del volgare[24].

---

[23] Il codice ha segnatura *Mss. Barberini, Lat. 613.* Della Bibbia, miniata da Belbello di Pavia, sono ignote le fasi del passaggio dagli Este alle collezioni Barberini nel sec. XVII. La Biblioteca Apostolica Vaticana ha acquistato il codice nel 1902 (si ringrazia per le informazioni fornite la Dott.ssa Andreina Rita, della BAV).
[113] Quondam (1994, 13).

Il nucleo rilevante dei codici membranacei in francese (circa una cinquantina) non era rilevante solo per la consistenza ma anche per il legame con la Francia, grazie alla diffusa narrativa cavalleresca d'oltralpe e alla storia genealogica degli avi eponimi dei Marchesi d'Este. Infatti, nel 1431 il Re di Francia aveva consentito a Niccolò d'Este di inquartare nello stemma estense i gigli d'oro (così come appare nella splendida *Bibbia francese*) e per molti decenni questo piccolo ma significativo nucleo di opere della narrativa bretone e delle cronache medievali francesi, con la sua perla, la *Bibbia,* trapassa nei successivi inventari della Biblioteca Estense[25]: nel 1474, dove la ritroviamo «*una Bibia i(n) francese,bello (et) aminiato d'oro*» e nel 1488, nell'Inventario di Pellegrino Prisciani, *Liber totius bibliae in membranis n.3, cart. 660.* Poi, con il nuovo ordine umanistico e classicistico della biblioteca degli Este, il mutare dei gusti che seguiva quello dei tempi comportò la perdita e la dispersione del patrimonio librario in francese, che pure connotava in modo precipuo la cultura ferrarese del sec. XV. Così la sua cancellazione

sarà silenziosamente eseguita nel corso del '500: i gloriosi testimoni manoscritti della grande tradizione del romanzo di cavalleria (che con Boiardo e Ariosto aveva fondato proprio in Ferrara la sua indiscussa capitale) vengono smembrati e dispersi, le loro carte riciclate per rilegare i registri della Camera Ducale: poco o niente sopravvive se non in forma di mutila reliquia[26].

Ma non la *Bibbia francese,* monumento al libro miniato di straordinaria fattura, come l'altra celebre *Bibbia Estense,* quella *di Borso*[27]: libri di lusso per la gloria del Principe che assolvevano a una funzione di decoro per illustrare la Casata. Certo, per l'Inquisitore

[25] Antonelli (2013, 55 on line).
[26] Antonelli (2013, 55-59).
[27] È conservata alla Biblioteca Estense Universitaria di Modena.

che l'esaminò nel 1589, la sua funzione non era solo decorativa ma poteva essere stata anche d'uso, forse a beneficio delle orazioni di una Duchessa in odore di eresia come Renata di Francia, che probabilmente giunta alla Corte di Ferrara nel 1530, dopo il suo matrimonio con Ercole II d'Este, la leggeva forse perché ignara dell'italiano[28]. Ma la pregevole fattura la rese indenne dal rogo, anzi[29]: l'Inquisitore *dell'heretica pravità* residente in Modena vi scrisse sulla terza pagina l'attestato che quel codice non conteneva alcun errore, nemmeno in quei luoghi, che erano soliti essere adulterati dai Protestanti. La censura reca la data manoscritta del 16 luglio 1589 e la firma apposta era quella dell'Inquisitore Girolamo Capazze da Saluzzo, Inquisitore di Modena (Vicario dell'Inquisitore Generale di Ferrara dal 1589 al 1592)[30], sottoscritta al f. III*r:*

haec Biblia gallice scripta visa est per me fratrem Hieronimum Capallam de Salutiis,Lectorem Theologiae et rev. Inquisitionis Vicarium Mutinae, inventa est absque depravatione textus,illis praesertim in locis,ubi, ab haereticis,manifesta conspicitur depravatio veluti Gen. XIV, Eph.5, Act. 15, 2 e c. Pe.I°, Jac.2°, Rom.3°bis, Thess. 4°, Judae, fi. Et alibi.

Proprio la data di censura avvalora la tesi che a tale data la Bibbia giaceva ancora nelle collezioni Estensi[31], mentre sulla sua perdita e sul passaggio nella Collezione Barberini nel sec. XVII si possono avanzare solo congetture non corroborate da documenti

---

[28] L'ipotesi è dello storico di fine '800 Bartolomeo Fontana, vol. II, (1899, 46-47).

[29] Fontana (1899, II, 46).

[30] Trenti (2003, 312) Il periodo di reggenza della sede dell'Inquisitore Girolamo Capazze dà congruità cronologica all'atto, per cui non sembrano probanti le ipotesi degli storici ottocenteschi, Fava(1925) e Fontana (1899) che congetturarono su errori apposti nella data.

[31] Concorda con questa ipotesi anche Manfredi (2001, scheda n. 97).

d'archivio. Anche il restauro dell'opera è databile al sec. XVII[32], per cui si può ipotizzare che ai primi del '600 l'opera fosse ancora patrimonio estense. Ai fini della prassi censoria, però, si deve prendere atto che l'opera non ne fu esentata, pur essendo il prezioso cimelio di una Biblioteca principesca, forse per la memoria di essere stata di ausilio all'esercizio di pietà di una Duchessa 'eretica' come Renata di Francia. O più di questa congettura la ragione può essere ricercata nel clima ideologico degli anni in cui questa Bibbia fu censurata (1589), preceduto da un vivo dibattito religioso sui volgarizzamenti biblici e dallo scontro di poteri fra le due Congregazioni del S. Uffizio e dell'Indice sulla regola IV dell'Indice Tridentino (1564) sulle Bibbie in volgare. La regola IV[33] prevedeva che Vescovi e Inquisitori potessero autorizzare mediante licenze scritte la lettura di versioni della Bibbia nelle lingue vernacole (tradotte da Cattolici) per accrescere la fede e la pietà di coloro ai quali era utile. Poi, nella ridda di interventi frammentari e dilazionati e con la nascita della Congregazione dell'Indice (1571), nessuna nuova edizione di Bibbia (o Nuovo testamento) in volgare si poteva più stampare in Italia; quindi l'orientamento generale che ne scaturì fu l'affermazione della norma, per cui senza licenza del S. Uffizio questi testi non si potevano né stampare né possedere né leggere, e il principio generale (che cancellava la regola tridentina) si applicò concretamente nelle disposizioni ai singoli funzionari dell'Inquisizione.

È questo il contesto ideologico che fa da sfondo a questa censura, dove il possesso della Bibbia doveva essere richiesto o autorizzato dall'Ordinario/Inquisitore, in un'Italia che qualche anno

---

[32] La nota è di Manfredi (scheda n. 97), cit.: «L'antica legatura descritta nel 436 sembra perduta... l'attuale più volte restaurata pare del XVI secolo, ed è di assi di legno rivestite di pelle decorata in oro con ferri a motivi floreali senza simboli berberiniani, il che farebbe pensare ad un restauro ancora estense».
[33] Fragnito (1997, 98).

più tardi avrebbe visto il rogo di tante Bibbie. Di tale evento, per Modena, è indicativa la testimonianza del padre Inquisitore Giovanni da Montefalcone nel 1599, a proposito del rogo che illuminò la città.

> Dico che entrando io in questa Inquisitione, trovai una gran faraggine de libri (quali erano la maggior parte Bibbie et evangeli volgari) ne feci un pubblico spettacolo abbruggiandoli tutti[34].

Infatti, nel clima di incertezze e scontri sulle Sacre Scritture in volgare e sulla loro proibizione, si pose il problema più intricato che gli organi centrali e periferici dovettero affrontare. Invece per il frate Inquisitore di Ferrara Hieronimus Capallam, che nel 1589 esaminò la splendida *Bibbia francese* miniata e la trovò emendata da ogni *heretica pravità,* le questioni dottrinarie e teologiche si infransero contro la delicata poesia tardogotica di Belbello da Pavia e, per nostra fortuna, ci ha tramandato intatto un simbolo e un gioiello bibliografico della Corte Estense.

L'applicazione dell'Indice Clementino a Modena: i primi Inquisitori e la censura libraria

Il primo Padre Inquisitore di Modena, Giovanni da Monfalcone, ci introduce con la sua attività inquisitoriale (1598-1599) al momento dell'istituzione della sede dell'Inquisizione in Modena, quando fu sollevata dal rango di Vicaria a quello di Inquisizione principale, e alle difficoltà incontrate al momento del suo impianto che ne fecero oggetto di particolare attenzione da parte della Sacra Congregazione di Roma. In qualità di Inquisitore, cominciò ad approntare le prime attività da attuarsi in una novella sede: designazione di un notaio e di 'solleciti Ufficiali', inventario 'delle

---

[34] Fragnito (2005, 200, nota n. 20).

scritture ed altre robe'; in tutta la sua attività (che è ben documentata)[35] si intravede anche il quadro di Modena all'alba della nascita della nuova Istituzione, anche se evidenzia lo stato precario dell'Inquisizione modenese e la grande precarietà sia finanziaria che strutturale[36].

> Mi sono posto a rivedere le scritture conservate in cotesto Archivio, quali le ho trovate assai bene regolate sino all'80 ma dal detto millesimo sino in poi non appaiono 6 processi finiti a pena: e questi metterò insieme et ne haverò di loro quella cura che si deve
> (lettera del 2 maggio 1598)

Alle difficoltà materiali si accompagnavano anche altre carenze rispetto al funzionamento, che immobilizzavano l'Istituzione fin dall'anno 1580, paralizzata nell'inedia:

> sono trascorsi più di 14 anni che in questa Città et Diocese non sono stati pubblicati dagli Inquisitori novelli e affissi gli editti solliti a pubblicarsi
> (lettera dell'11 luglio 1598)

[35] L'attività del P. Giovanni da Monfalcone è ben documentata da lettere e processi conservati nel Fondo Inquisizione dell'Archivio di Stato di Modena: ASMo, *Inquisizione,* b. 295 (*Lettere dei Padri Inquisitori alla sacra Congregazione del 1598,1599,1600…usque ad annum 1624*) dove sono conservate le minute delle lettere scritte alla Sacra Congregazione dal Monfalcone; le risposte alle missive dei Cardinali del S.Uffizio si trovano in ASMo, *Inquisizione*, b.1, *Carteggio del sec. XVI;* i processi che attestano la sua attività in ASMo, *Inquisizione*, Processi, bb. 9-10. Per i riferimenti bibliografici fondamentali i saggi di A. Biondi, *La Nuova Inquisizione a Modena. Tre inquisitori (1598-1607),* pp. 61-76 in "Città italiane del '500 tra Riforma e Controriforma", Atti del convegno, Lucca 1988, e Id. *Lunga durata e microarticolazione nel territorio di un Ufficio dell'Inquisizione: il Sacro tribunale a Modena (1292-1785),* pp. 73-90 in "Annali dell'Istituto Storico Italo-germanico di Trento", VIII (1982), Bologna, Il Mulino 1982.
[36] ASMo, *Inquisizione,* b. 295 (*Lettere dei Padri Inquisitori alla Sacra Congregazione del 1598,1599,1600…usque ad annum 1624*).

A tutto ciò faceva da sponda la riluttanza del clero a collabora-re, le resistenze del potere (il duca Cesare d'Este) a concedere il 'braccio secolare' nonché le ristrettezze finanziarie dovute agli scarsi proventi offerti da Roma; a questo *cahier de doleance* si deve aggiungere anche l'altro aspetto dell'attività esplicata dagli Inquisi-tori, che spesso quello processuale fa dimenticare, ovvero quello della censura libraria. Il Monfalcone in questo compito si attivò ben presto alla confisca dei libri eretici, in primis di quelli ebraici. In questo campo egli fece i suoi primi passi affidando la correzio-ne dei libri ebraici ad un frate domenicano, Aloisio da Bologna, già attivo nel campo a Mantova, Cremona, Casale Monferrato, quindi dando priorità al lavoro di controllo sui libri degli Ebrei, opera che aveva evidenziato una grande mole di errori.

Tante bestemmie et maldicentie, così contra Giesu Cristo Salvatore nostro, contro la madre, e santi et la fede nostra, come contra i Prelati della Chiesa, il papa et principi Cristiani, che a scrivere tutti non basterebbero le risme di car-ta.
(lettera del 29 gennaio 1599)

Ragion per cui l'Inquisitore, chiedendo alla Sacra Congregazio-ne se dovesse procedere contro i detentori dei libri, esitava per il fatto che «in questo stato non si è fatto visita e corretione veruna già tanti anni trascorsi» e gli stessi ebrei modenesi protestavano perché «non sanno cosa alcuna ne di Indice ne di riordini novi» e chiudendo la lettera, con sconsolata rassegnazione, si affidava alle risoluzioni che i Cardinali dell'Indice avrebbero ritenuto oppor-tune; le quali, all'indomani della pubblicazione del Clementino, non tardarono ad essere notificate alle sedi con la lettera[37] del Cardin. Terranova, in cui si chiariva il *dictat* del centro:

[37] ASMo, *Inquisizione*, b.1, f. 2 (IV).

Rev. P.re

Scoprendosi ogni giorno libri perniciosi, che da diverse parti l'Inqui.ri o Vesc.vi avisano alla N.ra Congreg.ne dell'Indice pero V.R. con il solito zelo usarà ogni diligentia di far eseguir et osservare l'Indice, et avisar il progresso che andrà facendo, et le difficoltà che nasceranno, con mandar nota de libri proibiti, o sospesi, che nell'esecutioni dell'Indice ha ritrovati, e delle censure, che sin d'hora son fatte, attendendendo con diligenza alle stampe...

Di Roma alli 23 luglio 1599
Di V.Rev.tia Amorevole
Il card. Terranova

Ma, per dare efficace applicazione alle norme e alacre organizzazione al lavoro, bisognerà aspettare ancora qualche anno, con l'efficiente impronta manageriale data all'ufficio dal Padre Inquisitore Arcangelo Calbetti (inquisitore dagli anni 1600-1607), mentre i cardinali dell'Indice non mancavano di diramare a Vescovi e Inquisitori le istruzioni destinate a disegnare una meditata gestione del libro proibito.

Le sue linee direttrici prevedevano: una netta distinzione tra libri eretici e libri 'espurgabili', l'assegnazione a Vescovi e Inquisitori del compito di inviare alla Congregazione dell'Indice le liste dei libri proibiti nelle regole ma non nominati espressamente nell'Indice, l'espurgazione dei libri 'sospesi' cioè dei libri della 2ª classe[38].

In tale impostazione rientravano i tanti roghi pubblici di libri proibiti *omnino damnati,* che illuminarono le piazze, con ordini che scrupolosamente venivano eseguiti, come lo stesso Monfalcone testimoniò nel 1599.

[38] Frajese (2006, 180).

L'Inquisitore Arcangelo Calbetti e la nascita dell'Inquisizione a Modena

Il giudizio più efficace sull'operato di padre Arcangelo Calbetti da Recanati, Inquisitore di Modena dal 1600 al 1607, lo diede lo stesso Calbetti in una lettera[39] guardando in retrospettiva al suo lavoro:

Quando io, doi anni sono venni qua in Modena Inquisitore, ritrovai la città tutta sollevata contro il Sant'Officio per le cose trascorse sotto il padre Inquisitore mio Predecessore…e questo Serenissimo Principe molto disgustato; e lodato il Signore in poco spatio di tempo, destreggiando acquietai i romori et ho condotto a quest'hora la giurisdizione del S.Officio a termine tale, che, qualunque Inquisitore che venga dopo di me potrà (come poss'io) esercitare l'Officio suo liberamente.

Di rimando, ribadendo la stima dei Cardinali della Sacra Congregazione, il Card. D'Ascoli gli scriveva il 2 maggio 1601 «che le cose di questa Inquisizione comincino a ben camminare a servizio di Dio è piaciuto assai» sancendo con tali parole l'approvazione sull'operato del Calbetti, che aveva articolato e messo in piedi una moderna ed efficiente struttura inquisitoriale in pochi anni, innervandola giuridicamente al territorio, ampliandola nella sua sede urbanistica, allacciando rapporti di equilibrio con l'autorità politica del Duca Cesare d'Este e con la sua corte. Infine, accreditava la

---

[39] ASMo, *Inquisizione*, b. 278, fasc. II, Lettera del 28 marzo 1603. Le fonti archivistiche sul Calbetti in ASMo sono conservate in ASMo, *Inquisizione*: b. 295, *Copia delle lettere scritte da me F. Arcangelo Calbetti da Recanati nel tempo che sono stato Inquisitore a Modena (dal 2 novembre 1600)*; b. 251, *Lettere della S. Congregazione di Roma* (fasc.III- fasc.VII); b. 278, fasc.II, *minute delle lettere del Calbetti*; b. 286, *Lettere antiche del M.ro del Sacro Palazzo (1601-1607)*, sono 11 lettere del maestro del Sacro Palazzo Giovanni Maria Guanzelli da Brisighella al Calbetti; b.1, *Lettere di Cardinali all'Inquisitore, anni 1600-1607*; bb. 11-31, *Processi*; b. 288, scambi di lettere con altri Inquisitori; b. 270, *Editti 1603-1606*; ASMo, *Cancelleria Ducale, Regolari*, b. 22 (5 lettere al duca dopo la sua partenza da Modena).

teoretica di compiti e funzioni, per l'Inquisitore e per i suoi collaboratori extra-territoriali (Vicari foranei), con un agile compendio inquisitoriale di poche pagine, *Sommaria Instruttione del m. P.R. Fr. Arcangelo Calbetti da Recanati...ai suoi RR. Vicari*[40] del 1604, che gettava le basi della manualistica inquisitoriale, prima versione di un prontuario per Vicari alla base dell'opera del successore, p. Michelangelo Lerri, che a sua volta nel 1608 licenziò il suo compendio *Breve informatione del modo di trattare le cause del S.Officio*, formula felice antesignana di un genere letterario molto diffuso nel corso del sec. XVII. Sempre lo stesso Calbetti ci ha lasciato nel dettagliato e corposo *Inventario*[41] che, alla fine del suo mandato alla sua dipartita per la sede di Piacenza, inviò alla Sacra Congregazione di Roma un elenco-testamento delle opere fatte: dall'ampliamento della fabbrica del S. Officio[42], all'apporto economico e all'organizzazione materiale dato all'Ufficio, che diventa una memoria del suo impegno nell'erigere e sviluppare la novella sede inquisitoriale di Modena con moderno piglio manageriale.

Di questo Inventario si può dire che, senza dubbio, fra tutti quelli che ci sono pervenuti del tribunale dell'Inquisizione, denota un'acribia e una puntigliosità che la dice lunga anche sul modo di lavorare e intendere il lavoro di Inquisitore del Calbetti, quale una vera e propria *mission* umana e istituzionale. Un vero e proprio catalogo delle *res gestas* compiute anche come censore: frammiste nell'elenco 'delle cose e delle robbe' figurano «alcune censure et osservazioni intorno alle opere di Lud.co Castelvetro, la corretio-

---

[40] Stampato a Modena, appresso Gio: Maria Verdi, 1604. Unico esemplare sopravvissuto è nello *Scriniolum Sanctae Inquisitionis Astensis*, pp. 335-346, dell'Inquisitore Giovan Battista Porcelli, conservato alla Biblioteca Casanatense di Roma.

[41] ASMo, *Inquisizione*, b. 295, fasc. III/3, *Inventario delle robbe del S.Officio di Modena, 1607.*

[42] ASMo, *Inquisizione*, b. 282, *Fabbrica del Sant'Officio.*

ne delle quali più volte è stata commessa da Roma al S.Off.cio di Modena». Tutta la sua attività di censore vi scorre in parallelo a quella di Inquisitore, confusa nell'elenco di suppellettili e processi: «quattro mazzi di liste di libri di diversi, che sono state presentate al S.Off.cio, un armadio da tenere i libri prohibiti» che fu dal suo successore rinvenuto pieno di libri proibiti e censurati - segno che il Calbetti fu infaticabile anche in questo aspetto della sua professione.

Come postille poste a caso sono segnalate note che rimandano a ordini ricevuti da Roma e puntigliosamente eseguiti, ad esempio nell'elenco degli utensili è segnata:

una cassettina bianca di pioppa
Nota che q.sta cassettina e di SS.ri Castelvetro cioè Lod.co e Gio: Maria e fu fatta fare per tenervi dentro in deposito d'ord. Della Sacra Congr.ne del S.Off. di Roma le opere scritte appenna dal già Lod.co Castelvetro ed effettualmente vi furono depositate, ma il S.Ill.mo Cardinale d'Este[43] me le dimandò in presti-to poco doppo e gliene prestai tutte e sin qua non le ho potute riavere.però i med.mi successori se ne prenderanno cura.
Nota di più che dentro a q.sta cassetta al pres.te vi sono alcune opere di Car-lo Molino che sono dell'Ill.mo Sig. Imola Consigliero di Stato di S.A. Ser.ma quali furono depositate nell'officio d'ord.ne di papa Clemento Ottavo, conce-dendo facoltà al d.to Sig.re di poterle leggere qualunque volta gli fosse stato di bisogno per la causa di Francia ma che venga a leggerli nel s.Off. vedasi la lett.ra del card. Borghese[44] intorno a questo.

E, quasi a chiosare questa febbrile attività, ricorda «n armadio pieno di libri sospesi e proibiti e molti originali di opere stampate a Modena», segno di un'intensità del suo lavoro di censore pari a quello di Inquisitore. Il nuovo tribunale da lui istituito nasce

[43] Del Cardinale Alessandro d'Este è noto il possesso di libri proibiti, come te-stimonia anche il suo Inventario post-mortem del 1624, censurato dal Maestro del Sacro Palazzo.
[44] È conservata in ASMo, *Inquisizione*, b. 251.

all'insegna dell'equilibrio delle parti politiche ed ecclesiastiche, come conferma una minuta senza data indirizzata al Duca Cesare d'Este[45], dove chiarisce i poteri in capo all'Inquisitore sulle procedure da adottare per ottenere il braccio secolare, in virtù del fatto che «ha preminenza sopra tutti gli Ufficiali della Rep.ca Christiana et a lor ordine e comandi siano tutti obbligati a ubbidirlo et servirlo del braccio secolare in quello che concerne l'ufficio».

Conformandosi a modelli già adottati nello Stato Farnesiano e in quello dei Gonzaga, stabilì un modus vivendi di pacifica convivenza fra le autorità laiche ed ecclesiastiche, senza permettere intromissioni, laddove ledeva il potere concesso all'Inquisitore dal «Sommo Pontefice perché in loco et vece sua esercita l'Ufficio de la Giurisdizione».

Questo suo *fair play* aiutò la collaborazione e delimitò i confini, stabilì una generale e pacifica convivenza che permise all'accorto Calbetti di elaborare un'accorta strategia, incardinata su alcune direttrici:

- aumentare le entrate dell'ufficio, come esplicita nell'Inventario redatto alla fine della sua gestione con una acribia puntigliosa, che nessun altro Inquisitore dopo di lui ebbe «non ha altra entrata sin qua il sant'Ufficio di Modena che 50 scudi l'anno consegnati a mia istanza sopra l'Inquis.ne di Bologna…»

- gestire dei processi contro alcune famiglie ebraiche (i Sanguineti di Modena) con vantaggiose pene pecuniarie inflitte, investite in parte nella ristrutturazione dell'edificio del S. Ufficio e nell'ampliamento delle carceri ampiamente documentati, ed anche a beneficio di opere pie della città, con la collaborazione del Vescovo,

- al consenso sociale e politico fece seguire una strategia di ampliamento e consolidamento della giurisdizione inquisitoriale su

---

[45] ASMo, *Inquisizione*, b. 295, fasc. III/6.

altre terre del Ducato: Carpi, Nonantola e la Garfagnana con la costituzione di due Vicarie foranee nella Diocesi di Lucca e Sarzana.

A completare il radicamento dell'Inquisizione nel territorio vi impiantò un reticolo di Vicarie foranee (utilizzando le preesistenti Vicarie foranee vescovili, ma con esse non coincidenti) che «rappresentarono strutture d'intervento locale che giunsero a toccare anche le parrocchie più piccole e remote[46]». In questi anni di fervida e quasi incessante laboriosità, il Calbetti tessé la rete del grande reticolo inquisitoriale che coprì tutto il territorio dello stato rivelandosi un vero 'ragno operoso' (A. Biondi) o stratega di un grande progetto dell'Inquisizione, come lui immaginava.

Anche la sua attività giudiziaria fu altrettanto febbrile, i suoi processi pareggiarono in quantità la produzione dei processi di tutta l'attività inquisitoriale precedente, e la loro tipologia ricalcava la casistica delle *blasphemiae haereticales* e il variegato mondo delle *superstitiones*, favorita anche dal controllo dell'immaginario del pensiero e dei costumi del mondo contadino della campagna e della montagna, dai rituali incolti e ancestrali. Dopo aver lavorato a dare corpo e struttura al 'progetto Inquisizione', il Calbetti si diede a un'opera, cui ogni buon stratega deve attendere se vuole lasciare un'impronta dietro di sé: edificare una teoria dell'Inquisizione e dei compiti del *Perfetto Inquisitore,* opera cui adempie con la redazione della *Sommaria Instruttione ...ai suoi Vicari* del 1604[47], una delle prime teorizzazioni del modo di formare i processi, diretta a un corpus di collaboratori in maniera semplice chiara ed efficace, antesignana dei fortunati compendi per Inquisitori, il più felice esito della manualistica inquisitoriale. Come chiarisce il Calbetti, nell'Introduzione, «in virtù dello zelo che io

---

[46] Biondi, A. (1988, 71).
[47] Opera inclusa nel corpo dello *Scriniolum Sanctae Inquisitionis Astensis*, 335-346.

tengo che i negotij del S.Ufficio si trattino con decoro e maestà convenevole» e per la diretta esperienza dell'imperizia nelle cause inquisitoriali, aveva approntato un'opera agevole divisa in quattro parti. Nella prima si discorre del modo di cominciare i processi, nella seconda delle forme dei precetti, decreti, citazioni e cose simili, nella terza di quello che *s'havrà d'avertire in materia de libri proibiti e sospesi*, nella quarta d'alcuni ordini ricevuti dalla Sacra Congregazione del Sant'Ufficio di Roma. L'opera ebbe dei prototipi manoscritti dello stesso Calbetti in due codicetti conservati nel fondo del tribunale dell'Inquisizione[48], che anticipano temi svolti a beneficio dei Vicari che dovevano istruire in modo corretto le cause, che sarebbero poi state completate dall'Inquisitore in città. Fu poi incapsulata nella più fortunata edizione del suo successore P. Michelangelo Lerri, la *Breve Informatione del modo di trattare le cause del S. Officio per li molto reverendi vicari della Santa Inquisizione instituiti nella Diocesi di Modena* del 1608, che era sua volta la codificazione definitiva delle regole del funzionamento del sistema delle Vicarie foranee organizzato dal Calbetti. L'opera del Lerri include altre felici teorizzazioni del Calbetti e conobbe a sua volta una grande diffusione sfronda di alcune parti dell'operetta del Calbetti, ma nella seconda parte *Del modo di formare i processi* ne astrae la struttura e le fasi processuali delineate, mentre la prima parte del libretto riprende pedissequamente la casistica ereticale proposta nel fascicoletto manoscritto del Calbetti (fasc. III/7). Anche negli *Avvertimenti sopra i libri proibiti* riprende la parte terza della *Sommaria Instruttione* nella parte dedicata ai libri proibiti, in cui si ricordavano i decreti di censura delle orazioni e degli officioli e i divieti contro alcune opere proibite, in particolare quelle di Charles du Moulin.

---

[48] ASMo, *Inquisizione*, b. 295, fasc. III/6 *Modo et ordine che osserva il R. P.re Inquisitore nell'esercitare il suo Officio nella città di Modena*; e fasc. III/7 *Contro di quai persone proceda il S.Officio dell'Inquisizione*.

Entrambi testi ebbero una più felice gemmazione nel prototipo di manuale per Inquisitore, il *Sacro Arsenale* di Eliseo Masini (1621).

Lo stesso Masini pensò di estenderlo e di porre mano al primo manuale per inquisitore stilato in volgare il *Sacro Arsenale*...che nei capitoli I, II, V, riprendeva (senza rivelarlo) il contenuto della *Breve Informatione*[49].

Da quest'opera composta per i Vicari si approccia l'altro versante dell'attività del Calbetti-Inquisitore, quello del Calbetti-censore: due aspetti di un'attività che si interfacciavano, e come l'uno ha lasciato impronta del suo operato nei processi, non meno il censore (spesso intercettato da diversi percorsi di ricerca e talvolta sfumato nel suo ruolo) ha lasciato tracce del suo pensiero e della sua operosità attraverso altre fonti archivistiche incrociate e soprattutto nella copiosa corrispondenza, che ha ben documentato questo percorso verso l'alto con Roma e in particolare per i problemi di censura, con il Maestro del Sacro Palazzo, il Cardinale Giovanni Maria Guanzelli detto il Brisighella, cui fu legato da vincoli di amicizia e stima reciproca come testimonia il carteggio[50] intercorso. L'altra direttrice della corrispondenza fu in orizzontale con altre sedi inquisitoriali di Bologna, Ferrara, Mantova e verso il basso con i Vicari foranei, come voleva il rapporto di verticalizzazione della comunicazione inquisitoriale.

La Censura dei libri ebraici

Nel momento dell'erezione di Modena a sede inquisitoriale nel 1599, la nuova Inquisizione cominciò la sua attività con

---

[49] Lavenia (2010, 225) in *Dizionario storico dell'Inquisizione*, voce *Breve Informatione*...

[50] ASMo, *Inquisizione*, b. 286, *Lettere antiche del M.stro del Sacro Palazzo* (1601-1607).

un'asprezza verso gli Ebrei che giungeva a far esclamare a un in-quisito: «noi altri Hebrei quando sentiamo nominare il Santo Of-ficio habiamo paura[51]». La caccia al libro ebraico fu il primo cam-po di intervento. Era un dato acquisito che i Giudei non doveva-no leggere i libri che la fede cristiana ripudia. Lo affermava il celebre canonista Peña nel suo commento al *Directorium* dell'Eymerich per due ordini di ragioni:

1) perché poteva ostacolare la loro conversione,

2) perché tramite tali libri potevano indurre i cristiani a giudaiz-zare ed essere tentati dall'eresia.

Quale norma generale i Giudei dovevano ripulire i loro libri da espressioni reputate ingiuriose verso la fede cristiana; e in virtù di tale norma e dei molti *Talmud* non espurgati, grazie alle pene pe-cuniarie loro inflitte, si poterono affrontare i restauri dei locali dell'Inquisizione come documenta il Calbetti con diligenza. Altri documenti archivistici della reggenza Inquisitoriale del Calbetti attestano, con la sua consueta acribia, le pene pecuniarie - laddove agli inquisiti ebrei erano state monetizzate come significative, per i libri proibiti non corretti[52].

Fra le voci più ricorrenti e altrettanto cospicuo figurava il gettito dei prestiti che «sono stati portati all'ufficio dagli ebrei sodetti a' mia istanza senza alcuno interesse» come registra nell'*Inventario dei beni* trasmessi al suo successore Michelangelo Lerri nel 1607. Altri contributi in tema al rapporto tra ebrei e l'Inquisitore Calbetti li danno i processi dove, oltre a cause per possesso di libri proibiti, erano accolti nel folto popolo dei vessati dall'Inquisizione. Anche altri documenti archivistici testimoniano «l'attacco alla sociabilità spontanea, specie alla sociabilità ludica, volto a erigere un muro di

[51] Biondi, A. (1994, 276).
[52] ASMo, *Inquisizione*, b. 283, *Condemnationi e commutationi pecuniarie fatte nel S. Offi-cio di Modena dall'anno 1600 fino al 1604 maggio.*

estraneità tra ebreo e cristiani[53]». Come suggerisce anche il decreto *Contro gli abusi del conversare de Cristiani con hebrei*[54], documento del Calbetti, che nel promuovere il distacco fra ebrei e cristiani testimonia un irrigidimento storico verso gli Ebrei alla fine del '500 sia dalla Chiesa di Roma che a situazioni sociali specifiche dello Stato Estense, soprattutto all'atto della Devoluzione di Ferrara alla S. Sede, quando nella nuova Capitale, Modena, salì la tensione sociale verso gli Ebrei accomunati ai nuovi intrusi cittadini, come riportano le *Cronache* dello Spaccini, anche se di tali tensioni il Calbetti fu solo interprete. Di fatto è nella corrispondenza del Calbetti con la Sacra Congregazione di Roma che si trovano gli spunti più interessanti, perché documentano in concreto la prassi quotidiana della novella Istituzione verso gli Ebrei, il cui primo problema fu quello della correzione dei libri. Nel 1599, l'espurgazione dei libri ebraici era stata affidata a Frate Luigi da Bologna, converso dell'Ordine di S. Domenico, che sembra, secondo atti processuali, sostituito poi da tale Rabbi Natanael Trabotti, dalla vasta cultura letteraria che gli permetteva di compiere l'opera di espurgazione[55]. Tuttavia la questione non sembrava chiarita, se a tale proposito il Calbetti chiedeva lumi a Roma nel 1603 ottenendone la risposta che «*nolle sese ingerire in correctione et moniat Iudeos ut retineant libros correctos et expurgatos ac procedat contra inoboedientes.*» Da altri atti processuali si evince che il Calbetti abbia obbedito agli ordini della Sacra Congregazione e dopo la correzione di Fra' Luigi abbia intimato agli Ebrei di tenere loro stessi corretti i propri libri, ribadendo il concetto con un Editto del 1603, giacché «con ordine della Sacra Congregazione di Roma era

---

[53] Biondi, A. (1994, 270).
[54] Biondi, A. (1994, 283, nota n. 17) reca la data del 21 giugno 1603.
[55] Perani (1994, 287-320).

stato intimato a tutti gli Ebrei che dovessero tenere i suoi libri alla giornata ben corretti ed espurgati».

Però, da lettere intercorse con la Sacra Congregazione, si delinea uno scenario diverso rispetto al problema dell'auto-espurgazione dei libri ebraici, in cui l'Inquisitore si pone davanti agli ordini di Roma con scetticismo critico, evidenziando i limiti di una pratica poco felice. Come si legge in una lettera diretta dal Card. di Santaseverina al Calbetti il 15 dicembre 1601:

> Rev.do Padre
> Si è visto l'instromento della revisione dei libri ebrei della terra di Carpi, fatta da Frà Luigi da Bologna, converso rogato da Ippolito Ciarlini al 10 di febraro 1599 et questi miei ILL.mi Rev.mi SS.Cardinali Colleghi hanno risoluto che ella notifichi agli ebrei di Carpi, et di altri luoghi sotto la sua giurisdizione, che habbiano i loro libri ben corretti e purgati da gli errori, ne si giovino alla revisione fatta dal det.to Frà Luigi, perché il S.Officio non si vuole pigliare lo assunto di correggere i libri di essi ebrei, et però ella faccia la notificazione in forma valida, e in iscritto, a ciò che in caso di contraventioni non possano scusarsi sotto pretesto delle sud.ta revisione.

Successivamente, il 15 luglio 1603, è inviato dalla Sacra Congregazione per mano del Cardinale Pinelli l'allegato *Memoriale degli ebrei di Modena,* dove essi esprimevano il loro disagio e le loro difficoltà nell'obbedire al bando intimatogli dall'Inquisitore dello Stato (il Calbetti) «di tenere i loro libri ebraici espurgati e che non dovessero fidarsi in altre spurghe fatte da altri espurgatori deputati dall'Inquisitore», palesando l'impossibilità di provvedere da se stessi «non essendo loro consapevoli delle cose che appresso à Cristiani richiedono espurgate, poiché erano travagliati senza lor colpa essendo loro impossibile di far espurgare». Dato lo stato di obiettiva difficoltà, chiedevano che fosse ordinato all'Inquisitore di incaricare dell'ufficio uno o più espurgatori o correttori in modo da potersi assoggettare a un'autorità terza ed essere incolpati solo in caso di disobbedienza ma non di imperizia secondo «lo statuto antico e come si legge è solito in tutti gli altri Stati dove vi sono ebrei». In questo stato di cose la posizione del Calbetti fu quanto mai equilibrata e ispirata al buon senso che conformava tutte le sue azioni. Infatti da una minuta conservata nel Fondo archivistico del tribunale dell'Inquisizione del 20 luglio 1603[56] espone in termini di pacata obbiettività di giudizio le ragioni degli ebrei compenetrandosi nelle loro difficoltà, e pur rassegnandosi a intimare ordini ed editti (è proprio nell'anno 1603 che promulga l'Editto agli ebrei come ordinato da Roma), si faceva portatore di un dissenso che condivideva, consigliando che si poteva evitare, deputando un correttore (remunerato dagli Ebrei) secondo un costume vigente in molte sedi inquisitoriali e che poteva ovviare alla difficoltà prospettate nel Memoriale degli Ebrei di Modena. Era un buon senso il suo, che non esprimeva ostilità verso un'istituzione di cui era ligio esecutore d'ordini e convinto esponente, ma solo pragmatica adesione ad una concezione di buon vivere sociale. Così come aveva impostato i suoi rapporti con la Casa d'Este, egli non si poneva per inasprire i rapporti ma per pacificarli, come dimostrano le sue parole.

L'espurgazione delle opere di Castelvetro e i rapporti con il Brisighella

Il problema maggiore che ebbe il Calbetti nella sua professione di censore fu quello delle espurgazioni delle opere di Lodovico Castelvetro ma, come testimonia il fitto carteggio con il Maestro del Sacro Palazzo Giovanni Maria Guanzelli detto il Brisighella[57], il momento storico era segnato dalla confusione che regnava nella materia e nelle competenze. Fin dalla fine del '500, la Congregazione dell'Indice si trovò di fronte al progetto utopico di

[56] ASMo, *Inquisizione*, b. 278, fasc. II (Calbetti).
[57] Giovanni Maria Guanzelli fu Maestro del Sacro Palazzo dal 1598 al 1607, per il carteggio fra i due vedi l'Appendice documentaria.

un'espurgazione massiccia di opere che richiedeva un lungo lavoro di personale specializzato; sull'esaurimento del suo ruolo inci-
sero due fattori: la procedura di centralizzazione delle censure
condotte in periferia ed anche la legittimazione del testo presente
nelle stesse. Di fatto i Cardinali dell'Indice stabilirono che le
espurgazioni locali avessero una validità solo locale e che, per essere utilizzabili fuori dalla propria giurisdizione, dovessero passare attraverso il giudizio della Congregazione stessa: ovvero avere
una legittimazione papale.

In conformità a tale assunto, dal decentramento operativo (di
Vescovi e Inquisitori) si passava al centralismo dell'approvazione,
cosa che provocò un intasamento degli uffici romani perché il lavoro di controllo era vastissimo. L'espurgazione aveva anche il
valore di dare legittimità al libro in quanto era garantito
dall'autorità che espurgava, ma era una situazione che dava luogo
a farraginose attese e poneva la Congregazione dell'Indice a un
bivio: da un lato concedere validità universale alle espurgazioni
locali, cosa che avrebbe permesso la proliferazione di giudizi plu-
rimi e incontrollati e avrebbe depotenziato la supremazia romana
nelle sue decisioni. A impegnarsi poi in uno sforzo di espurgazione massiccia si correva il rischio di santificare opere futili e si vei-
colava il giudizio papale ad avallare testi contestabili. La soluzione
trovata fu di affidare ad un'autorità terza questo difficile compito
ed affidarlo al Maestro del Sacro Palazzo, Giovanni Maria Guanzelli (detto il Brisighella dal luogo di nascita) dandogli una carica
distinta dall'Indice, per far pubblicare un Indice espurgatorio, ga-
rantendosi in tal modo il controllo centrale delle espurgazioni ma
senza figurarvi in prima battuta. In tal senso scriveva il Brisighella
all'amico Calbetti verso cui professava stima incondizionata[58].

---

[58] ASMo, *Inquisizione*, b. 286, *Lettere antiche del Maestro di Sacro Palazzo (1601-1607)*
(in Appendice documentaria).

Si tratta alla gagliarda sull'off.tio mio di farne un Indice espurgatorio di libri e mi si è eretta una Congre(gazio)ne di molti theologi con ordine et authorità della sacra Congregaz. Dell'Indice.
(lettera del 22 novembre 1604)

Era questo il clima che faceva da sfondo al carteggio fra i due, che palesa i dubbi e le incertezze del docile 'funzionario della fede' Calbetti al suo Superiore, che si dibatteva fra altrettante reticenze provenienti dall'esterno, nella generale ostilità e nella confusione più totale, come confessava nelle sue lettere:

quando entrai qua, non pareva il tempo di Clemente VIII ma del VII dopo il sacho e, se bene feci strepito non fui sentito
(lettera del 27 aprile 1602)

(giudicava che il Calbetti) confesserebbe di esser libero, se vedesse la servitù i disgusti e i visi torti di qualcun altro.
(lettera del 20 marzo 1604)

Parole che rivelano tutta la difficoltà del suo lavoro poiché

profondamente critico nei confronti della Congregazione le rimproverava sia la negligenza relativa all'attività espurgativa sia la severità[59].

Dalle loro lettere si segue la vicenda dell'espurgazione delle opere del Castelvetro, dove le richieste del Calbetti per sollecitarne la revisione erano pressanti ed esprimevano dubbi sul modo di procedere[60]:

Lettera del 28 aprile 1601 (Al Card. Terranova)
...mi occorre dirle che sin dal principio che fui posto in questa Inquisizione che è dal mese di novembre sin qui, non avendo trovato in questa città la Congregazione per la espurgazione de i libri pensai di operare che ne fusse introdotto come già molte volte né ho trattato col sig.Vicario e per questo per non esserci il Vescovo residente e spero fra poco lo metteremo in piedi e all'hora si

[59] Fragnito (2005, 121).
[60] ASMo, *Inquisizione*, b. 278, fasc. II.

attenderà all'espurgatione delle opere del Castelvetro, et che anche ne vien fatta istanza da i suoi Parenti, e che i medesimi parenti hanno molte opere del soprad.to sequestrate in casa, tutte a penna, alcune de quali forse si stamperanno alla giornata quando ci siano le debite licenze...

Eguale sollecito è rivolto con minuta del 15 agosto 1601:

... con questa occasione non resterò di dirle che i parenti di Lud.co Castelvetro l'opera del quale sono notate nell'Indice *donec corrigatur* si trovano haver appresso di sé alcune opere del medesimo scritte appenna e non pubblicate alle stampe sequestrate da parte senza che alcuni di loro o altri le possa leggere...e tra queste vi sono alcune opere di retorica che desidererebbero essi dare alle stampe, quando codesta Sacra Congregazione se ne compiacesse doppoche fossero riviste e approvate sotto nome del d.to Sig. Lodovico Castelvetro...

Ma dalla Congregazione dell'Indice fu data vaga risposta affinché il Vescovo di Modena «*vigilent circa impressores nec passim quaecumque typis mandari permittant et non nisi libros proficuos curent emendari* (16 marzo 1602)», adottando il discutibile criterio di 'proficuo o inutile' usato con vaga discrezionalità[61]. Solo nel 1604 il Brisighella rivolgerà le sue pressioni sul Calbetti in difesa del Castelvetro per la considerazione espressa verso di lui[62].

Lettera del Brisighella a Calbetti, 22 novembre 1604
...trattandosi delle opere del Castelvetro e mostrando io qualche affezione verso di loro, si è risoluto che io scriva a V.R. come faccio e la prego, voglia tenerne proposito con Mons. Rev.mo Vesc.vo e con chi giudicherà bene e vedere di farle una bella censura e compita che io farò si, che sia fatta nell'Espurgatorio, e se la Rev.tia avesse qualche avvertimento e qualche altra censura da darmi mi farebbe cosa graditissima.

[61] Fragnito (1997, 113-114).
[62] ASMo, *Inquisizione*, b. 286, *Lettere antiche del Maestro di Sacro Palazzo (1601-1607)*.

E ribadisce il criterio di moderazione da usare per le opere dello scrittore insistendo affichè il Calbetti lo applichi[63]:

...si vedrà di fare intorno alle censure del Castelvetro con manca diligenza di quella che io scrissi che è in rigore all'Indice e basterà il giudicio dell R.V. del quale faccio ogni capitale...

Infatti, il Brisighella inserì le correzioni della *Poetica di Aristotele* del Castelvetro nel suo *Indice espurgatorio* del 1607 che, giudicato troppo blando dalla Congregazione dell'Indice, fu poi ritirato dopo un anno, a conferma delle tensioni tra gli organi censori romani, che trovarono conferma nella dissociazione dei Cardinali dall'impresa e nel fallimento di anni di attività espurgatoria. Tutto il carteggio intercorso fra il Brisighella e il Calbetti coglie questo momento di *impasse* nell'attività di espurgazione, le difficoltà del Brisighella che si muoveva in un ambiente infido e contraddittorio, eppure esalta la loro amicizia e la stima reciproca, tanto da indurre il Guanzelli a inviare a Modena i due editti che aveva promulgato ed anche l'Indice espurgatorio, sulle cui fatiche sempre informava l'amico. Gli editti pubblicati nel 1603, furono stampati, l'uno il 7 agosto a Roma e inviato a Modena il 19 agosto 1603:

avendo nuovamente mandato fuori l'allegato editto in materia dè libri per ord.ne di N.S. e delle Sacre Congreg.ni del sant'Ufficio e dell'Indice ho voluto capitarne uno a V.R. pensando di farle cosa grata[64].

L'altro editto inviato è la riedizione di quest'ultimo (fu ristampato in data 1605), la lettera di invio a Modena è del 17 dicembre 1605 ed il nuovo Papa, il cui stemma compariva nell'editto, è quello di Paolo V. Entrambi davano diffusione alle nuove proibizioni censorie, visto che per lo più esse circolavano in forma ma-

---

[63] ASMo, *Inquisizione*, b. 286.
[64] Si trova in ASMo, *Inquisizione,* b. 270, fasc. V (Editti 1601-1610).

noscritta nelle lettere-circolari inviate alle sedi ed erano a complemento dell'Indice Clementino. Anche il Guanzelli si era reso conto che bisognava comunicare le proibizioni non solo ai controllori ma anche ai lettori e ai possessori di libri. Anzi, a rafforzare la validità delle sue proibizioni essi furono ristampati anche in appendice al suo *Indice espurgatorio* del 1607 per acquisire nel volume maggiore garanzia di durata rispetto alla circolazione in fogli sciolti e bandi, caratterizzati dalla deperibilità e dalla consunzione.

Lo stesso Indice espurgatorio, *Indicis librorum expurgandorum... Tomus primis...per fr. Io.Mariam Brasichellen. Sacri Palatii Apostolici Magistrum*[65], fu inviato dal Brisighella al Calbetti con lettera del 21 aprile 1607 dove chiarisce anche alcuni dubbi del Calbetti sui suoi compiti di censore:

> Molto rev. P.re[66]
> Non passerà un mese che si pubblicherà un Indice espurgatorio uscito da questo officio mio. Al dubbio che lei mi ricerca delle sue facoltà in materia de i libri le dico, che facci diligentia fra le lett.re della Sacra Congrg.ne scritte al P.re Inquisitore suo predecessore in questa materia che gli Inquisitori non ponno dare licenza di leggere libri proibiti cosa che a me parme grave stando le regole dell'Indice ma li P(adr)oni la vogliono così...
> Di Roma lì 21 aprile 1607

Probabilmente l'autorevolezza della proibizione in materia di libri non poteva rassicurare il Calbetti nella sua opera di censore e farlo sentire più autonomo nei suoi poteri; ma di fatto le sue censure trovarono riscontro in una registrazione autorevole come

---

[65] Romae, ex typographia R. Cam. Apost. 1607. La copia in ASMo, reca sul dorso la dicitura *correctoriu(m)*, e segni manoscritti, è collocata in ASMo, *Biblioteca*, (Antica collocaz. XXII. A.22); era incluso fra i libri proibiti conservati nell'Archivio del tribunale dell'Inquisizione.

[66] ASMo, *Inquisizione*, b. 286, *Lettere antiche del Maestro di Sacro Palazzo (1601-1607)*.

poteva essere quella del Maestro del Sacro Palazzo all'interno dell'*Indice*.

Il Calbetti e la censura dei libri della Comunità di Modena

Un'altra vicenda di censura e di espurgazione documentata dagli atti d'archivio ci conferma questo stato di incertezza fra i vertici romani e le sedi periferiche e vede ancora una volta il Calbetti attore di una notifica di censura ai Conservatori della Città di Modena nel 1606. Occasione fu la visita e l'ispezione della biblioteca del letterato Camillo Coccapani[67], poeta e letterato in auge ai tempi, che da testamento aveva donato alla città di Modena la sua Biblioteca, affinché se ne servisse per il progetto di uno Studio da fondare nella città quale ausilio alla formazione di una biblioteca ad uso pubblico. Infatti, proprio nel 1606 a Modena si era ricominciato a proporre l'intenzione e la possibilità di erigere un Pubblico Studio; lo Spaccini nelle sue *Cronache* annota al 20 novembre 1606 la proposta di fondare «uno Studio qui» e poco dopo nel 1607 il cavalier dottor Ercole Fontana presentò in Comunità, dedicandolo al Duca, un progetto per un'erigenda Università[68], che nella visione del Fontana era una risposta ai problemi che affliggevano la società modenese del tempo. In questa vicenda di

---

[67] Camillo Coccapani (1535-1591) di Carpi, fu un celebre letterato del XVI secolo, morto a Ferrara nel 1591. Aveva cominciato i suoi studi a Modena e poi completati a Ferrara; diventò professore di umanità (belle lettere) ed insegnò per oltre 30 anni non solo in queste due città ma anche a Mantova, Piacenza e a Reggio. A Ferrara aprì una scuola di letteratura e nel 1570 ebbe la cattedra di greco all'Università. Per testamento fece dono della sua Biblioteca alla Comunità di Modena; per le sue cognizioni e il gusto poetico fu soprannominato il *poetino* (così compare anche nei documenti dell'Archivio Storico Comunale di Modena). Fu in contatto con noti poeti del suo tempo e fu stimato dal Tasso.
[68] Biondi, G. (2003 103).

censura della biblioteca del Coccapani, i Conservatori della Città erano in primo piano, sia perché volevano dare forse una risposta concreta alla città nel programma di fondazione dello Studio e della Biblioteca pubblica, sia perché logorati dalla lungaggine della pratica espurgatoria dei libri sospesi, in attesa della dovuta approvazione da Roma.

La lettera del card. Arrigoni del 29 luglio 1606[69], con incluso il memoriale della Comunità di Modena indirizzato alla Sacra Congregazione dell'Indice, notifica al Calbetti che «deputi alcuna persona dotta et intelligente a rivedere e correggere detti libri» e che fossero lasciati nell'archivio della Comunità in cassa sigillata, interdetti alla lettura e da aprirsi su licenza dell'Inquisitore. Nonostante da parte dei Conservatori si fosse levata la richiesta di voler adempiere le volontà testamentarie del letterato, affinché «di essi (libri) si valessero gli studenti poveri, semmai si erigesse studio in Modona» si impegnavano per ottenerne la licenza e di «tener essi libri serrati sinché negli l'occ.ne di esporli ad uso dello studio, il si ne farà mai senza nova licentia di VV. SS. Ill.ma».

Gli esiti della vicenda sono ben documentati negli atti dell'Archivio Storico Comunale di Modena, che riportano la cronologia degli avvenimenti con dovizia di particolari e l'incarico affidato al loro rappresentante a Roma, il Sig. Fabio Masetti, che rappresentava le ragioni della Comunità presso la Sacra Congregazione dell'Indice.

Estendendo la ricerca ai documenti dell'Archivio di Stato di Modena apprendiamo che Fabio Masetti fu ambasciatoredei Duchi d'Este a Roma dal 1599 al 1621[70], uomo di fiducia del Duca Cesare e agente ducale, talvolta in mancanza del Residente a Roma ne fece anche le veci. Del suo ruolo quale postulatore della

---

[69] ASMo, *Inquisizione*, b. 251.
[70] ASMo, *Carteggio Ambasciatori, Roma*, Fabio Masetti, b. 168.

causa della Comunità per la concessione della licenza è ben edotto anche il Duca Cesare d'Este, cui il Masetti indirizza una lettera[71] informativa dove testimonia il sollecito fatto ai Cardinali Arrigoni e Pinelli «del desiderio della Com(unità) Nostra di tenere certi libri nel loro Archivio lasciatoli dal già Coccapani». Poi sui tempi dell'attesa per il *placet* definitivo del Maestro del Sacro Palazzo invitava alla pazienza; eguale tono effondeva dalla lettera inviata alla Comunità di Modena il 28 luglio 1606, dove informava che il memoriale da lui stesso redatto era stato letto nella Congregazione dell'Indice con la risoluzione di tenere in loco i libri sospesi, sotto il sigillo dell'Inquisizione e l'invito alla loro correzione. Ma dopo gli indugi frapposti e una reiterata richiesta al Masetti, solo il 19 ottobre del 1606[72] fu permesso alla città di tenere i libri sospesi; il ruolo di detentore delle licenza alla Comunità fu quindi esercitato da un fiduciario della Corte, che a sua volta si faceva garante dell'appoggio ai Conservatori della Città per richiedere alla Sacra Congregazione dell'Indice la licenza di lettura.

I documenti inerenti l'inizio della vicenda sono datati al 4 aprile 1606; nel *Registro delle deliberazioni del Comune di Modena*[73] di quell'anno viene annotato che «fu fatta una relazione in iscritto al S.Sindico Generale intorno alla visita fatta dal R.P. Inquisitore delli libri lasciati alla Comunità del già Camillo Coccapani». La visita fatta dal Calbetti nella stessa data (4 aprile 1606) aveva separato i libri *'omnino damnati'*, inviati all'ufficio da quelli da espurgare «ligati e incartati li sopra(scritti) come sospesi e sino a tanto che sieno corretti». Fra i proibiti si annoveravano *Demonomania del Bo-*

---

[71] ASMo, *Carteggio Ambasciatori, Roma,* Fabio Masetti, b. 168 (lettera del 29 luglio 1606).
[72] Cfr. gli atti dell'ASCMo (*Registro delle delibrazioni consiliari (Vacchette)* 1606, ed *Ex Actis,* (1606), e la lettera del Masetti con la stessa data in ASMo, *Carteggio Ambasciatori, Roma,* b. 168.
[73] ASCMo, *Registro delle deliberazioni* (Vacchette 1606).

dino, Polidori Virgilii, Dialogi del Sperone, Erasmo, Il Cortegiano Vecchio, Filippi Melantonius in Epist. Cic.nis, Testamentum novum grecu(m) impressu(m) x hereticos, la lista dei libri sospesi da espurgare era data come d'abitudine senza dati bibliografici e data di edizione[74], in un elenco di titoli spesso incompleti. La vicenda si snoda anche nei mesi successivi come attestano successive deliberazioni dei Conservatori, che dal 15 settembre 1606 rivolgono una nuova richiesta alla Congregazione di Roma «mostrando il P.re Inquisitore non havere mai avuto ordine di Roma per la concessione de libri sospesi». E che le lungaggini fossero frapposte da Roma, nel clima di incertezza che incombeva sulle espurgazioni, è ribadito nella delibera del 30 giugno[75]:

c.130r
Il Sig. Sindico Generale disse alli Sig. che il P.re Inquisitore gli havea detto essergli stata revocata l'autorità di rivedere libri sospesi ad alcuni et che però era necessario che avesse li libri che a mesi passati concesse alla Città…che scrivessero a Roma per la licenza.

La vicenda si concluderà il 19 ottobre 1606, come attestano i documenti dell'Archivio Storico del Comune di Modena e la lettera dell'ambasciatore Estense a Roma, Fabio Masetti, scritta al Duca nella stessa data. L'ultima testimonianza la fornisce lo stesso Calbetti nel 1607, nel suo *Inventario*[76] delle 'robbe, liste, processi' dove viene indicata anche una «Lista de libri della Comunità proibiti e sospesi depositati appartatamente nell'Archivio», luogo deputato alla loro conservazione.

---

[74] ASCMo, *Registro delle deliberazioni* (Vacchette 1606), 4 aprile 1606, cc. 1-2.
[75] *Ivi*, c.130r (30 giugno 1606).
[76] ASMo, *Inquisizione*, b. 295.

La censura delle Orazioni e 'historiette' superstiziose nella *Sommaria Instruttione*

All'origine della censura di una tipologia di opere che venivano genericamente indicate come 'historiette prohibite', operette viste dal punto di vista della Chiesa quale diffusione di orazioni e forme di culto superstizioso, vi era il proliferare di un genere editoriale che nel '600 aumentò in maniera esponenziale pari alla facilità di produzione e smercio e che, oltre a circolare in maniera manoscritta, nella forma a stampa si presentava con la forma tipografica di fogli volanti o libretti di poche pagine e di facile occultamento. Quello che la Chiesa vedeva nel suo progetto di purificazione della cultura popolare era, in effetti, un genere editoriale che era a portata di mano e di comprensione per quei ceti che gli Inquisitori definivano 'idioti' (ovvero semplici), poiché non scolarizzati da un'alfabetizzazione sui testi classici e che trovavano nella lingua d'uso e nella forma tipografica un facile strumento di lettura. Con l'applicazione dell'Indice Clementino gli Inquisitori più solerti denunciarono e vietarono con editti e prescrizioni questa produzione di orazioni e devozioni superstiziose. Il Calbetti fu il capofila di questa 'buona pratica' e si attivò per gestire questo complesso di «cose false, lascive e superstiziose[77]», compilando una lista censoria di '*historiette et orationi*' circolanti in Modena, tentando per primo di stabilire un riferimento concreto in un contesto che lasciava ampi margini di discrezionalità. Il suo intervento, così come quello degli altri Inquisitori successivi (Lerri, Masini), rappresentò l'atto finale di un processo, che nelle intenzioni delle autorità romane voleva coniugare l'esigenza di uniformare la

---

[77] *Avvertimenti in materia di libri* in *"Sommaria Instruttione"* parte III, in *Scriniolum Sanctae Inquisitionis Astensis*, pp. 335-346.

complessa materia devozionale con un'azione di purificazione delle fonti con cui la religiosità popolare si andava alimentando.

Nei suoi *Avvertimenti in materia di libri* il Calbetti ricorda i decreti di censura e fornisce l'elenco di queste 'orazioni' veicolo di superstizione. La stessa tipologia di *superstitio* da una certa data in poi si applicò in riferimento alla recitazione di orazioni e scongiuri contenenti cose palesi e apocrife in forma orale e scritta, come testimoniano gli incartamenti processuali del tribunale modenese, che mostrano un aumento significativo di questa casistica delittiva ai primi anni del '600. È stato infatti sottolineato che, «con la scomparsa dell'eresia dotta e teologicamente avvertita, preghiere e altri testi superstiziosi occupassero in pratica tutto l'orizzonte dell'Inquisizione[78]». Ed era soprattutto il magma di questa tipologia di opere a essere viste dalla Chiesa quale diffusione di culto superstizioso, lotta che conducevano sul campo soprattutto gli Inquisitori locali. Nei processi modenesi istruiti dal Calbetti nei primi anni del '600[79] si nota la tendenza a trasformare in principali imputazioni prima ritenute secondarie, nonché l'incremento della presenza della rubrica *superstitio,* per cui si modificava il contenuto di testi a stampa proibiti e il tipo di censura ecclesiastica sulla carta stampata, come altra tipologia di materiale minore maggiormente controllabile. Il Calbetti, inquisitore zelante e coscienzioso, fu fra i primi a recepire l'urgenza di proibire questa produzione, avvertendo l'incapacità della Congregazione di normare un settore sfuggente al controllo centrale e di districarsi in questa incalzante marea di culti superstiziosi dai fragili supporti materiali, che proliferava in forma manoscritta e a stampa, in fogli volanti di facile smercio e produzione. In pratica diventava compito degli Inquisitori locali attivarsi nelle proibizioni, poiché costituivano la

---

[78] Prosperi (1996, 397).
[79] Fantini (1996, 450).

materia di tanti processi che venivano istruiti nei fori locali e ormai venivano apparentati al più vasto crimine della *superstizione*. Nel contempo l'assenza di direttive chiare dal centro, associata alla facilità con cui i tipografi potevano sottrarre agli occhi dei censori, fogli volanti e opuscoletti di poche carte, non ostacolò l'estirpazione di questa produzione che proliferò a dismisura nel corso del '600.

Infatti, i 28 titoli elencati nella *Sommaria Instruttione* del Calbetti del 1604 furono riportati dal suo successore Michelangelo Lerri nella terza parte del suo compendio per i Vicari, *Breve Informatione,* e dal loro confronto non emergono dubbi sostanziali, si constata solo che nel Lerri prevale una normalizzazione della forma ortografica. A sua volta nel 1601, il Calbetti aveva promulgato un editto[80], come informa nella sua operetta per i vicari: «*Avvertiranno fare osservare questi infrascritti ordini già da noi intimati à i Librari e altri che vendono libri e historiae il 1° maggio 1601*».

In seguito la diffusione del genere delle orazioni si attestò a 46 titoli in un editto dell'Inquisitore di Bologna, per trovare ancora più ampio spazio nel *Sacro Arsenale* del Masini con l'appendice *Nota di alcune operette e 'historiette' proibite*, ma più generalmente elenchi di *historiette* e orazioni trovarono posto in diversi manuali per Inquisitori e Vicari nel corso del sec. XVII. Il passaggio dalla circolazione manoscritta alla divulgazione a stampa di questi elenchi di titoli proibiti indica una diffusione più capillare di questa bibliografia cui si riferiva la censura di orazioni e historiette; con essa si amplificò anche il potere del meccanismo di controllo per colpire gli stampatori e con vantaggio degli occhiuti inquisitori - cui il Calbetti-caposcuola si riferiva - si poteva estrapolare direttamente l'elenco stampato nel manuale e pubblicarlo come editto di cen-

---

[80] Purtroppo non sembra conservato e la notizia la fornisce lo stesso Calbetti nella *Sommaria Instruttione*.

sura. Percorso che seguì il Lerri, che sfruttò il precedente elenco elaborato dal Calbetti.

Questo particolare processo di divulgazione influì senza dubbio anche sulla capacità di controllo sui lettori e sui consumatori. La loro inconsapevolezza nei confronti dei titoli precisi cui alludeva la censura delle formule superstiziose si sarebbe infatti sempre meno giustificata una volta che Inquisitori e vicari avevano cominciato a pubblicare le liste citate[81].

Del resto, la consistenza e la proliferazione di questi sotto-indici nel corso del sec. XVII fu tale da strutturarli come un nuovo genere bibliografico sempre più autonomo. La solerzia del Calbetti nella *Sommaria Instruttione* si applica pure a ordinare a tutti i suoi Vicari di sequestrare tutti gli *ufficioli* in volgare e raccomandare loro che vi sono negli *Officia vecchi* «orazioni le quali o tutte intiere si devono levare o correggere in parte ben sarà levarli tutti e lasciar quei soli che sono stati reformati e corretti dalla fel.me.di Pio V». Il suo rigore è giustificato anche da un irrisolto problema di abusi ed eccessi nelle pratiche devozionali e cultuali: infatti non solo la circolazione di orazioni non approvate allarmava i vertici, ma anche la proliferazione di litanie non accolte nei libri liturgici ufficiali e la loro utilizzazione nelle cerimonie ecclesiastiche. Di fatto, ne seguì l'intervento delle autorità ecclesiastiche romane, che per disciplinare il settore promulgarono un decreto (Clemente VIII nel 1601), inviato con lettera circolare alle sedi dell'Inquisizione il 16 giugno 1601[82], che autorizzava solo le litanie contenute nel breviario e nel messale, quelle in onore della Madonna di Loreto e stabiliva per il futuro che, senza previa approvazione da parte della Congregazione dei Riti, non si stampassero altre litanie da reci-

---

[81] Fantini (1999, 603-604).
[82] ASMo, *Inquisizione*, b. 251 fasc. III, Lettere della Sacra Congregazione di Roma.

tarsi pubblicamente. Si operava in tal modo un'implicita distinzione tra pubblico e privato che giustificava l'utilizzazione di devozioni non ufficiali in ambito domestico, con la conseguenza di proibire anche alcune opere e raccolte a stampa di litanie[83], sospensione subito applicata dalle sedi locali. Il Calbetti, secondo il suo stile, si mostrava ligio agli ordini ma non privo di dubbi nell'eseguirli, infatti nutriva molte incertezze e cercava di mediare tra l'aspirazione della Curia Romana a controllare le forme della pietà e il rischio concreto di allontanare i fedeli dalla pratica devota. Non a caso si rivolgeva al suo autorevole referente romano, il cardinale Guanzelli, a lui pari per moderazione, per chiedere lumi in merito alla proibizione del volume di litanie del gesuita Sailly e, questi gli replicava:

> Qui s'osserva con rigore in pubblico ma in privato si lascia dire a ognuno le sue divotioni, ma se di nuovo s'havessero a stampare o comporre litanie, bisognerebbe fossero approvate dalla S. Congregazione dei Riti[84].

L'editto dell'Interdetto contro Venezia del 1606

Un'ultima considerazione da farsi sul Calbetti è quella di ligio esecutore d'ordini e paladino apertamente schierato con l'ortodossia della Chiesa in tutte le sue battaglie. L'occasione è data dall'editto promulgato dalla sacra Congregazione di Roma, datato 20 settembre 1606 in occasione dell'Interdetto papale contro Venezia, e, come da superiori ordini, ristampato a Modena il 3 ottobre 1606[85] dalla tipografia Verdi; una presa di posizione netta in quella che fu la più rilevante battaglia tra il Papato e Venezia ri-

---

[83] Si tratta del *Thesaurus litaniarum ac orationum sacer* del gesuita Thomas Sailly che elenca 365 tipi di litanie; l'altra opera è la raccolta *Thesaurus sacrarum precum sive Litaniae variae…* Venezia, 1599.
[84] Rotondò (1973, 1473).
[85] ASMo, *Inquisizione*, b. 270, fasc. V (Editti 1601-1610).

guardante i diritti della Chiesa e dello Stato. Mentre sul versante civile il governo veneziano rivendicava in misura crescente la propria giurisdizione in un campo di predominio delle corti ecclesiastiche, sul piano della battaglia intellettuale le parti sostennero la loro causa davanti al tribunale dell'opinione pubblica europea mediante opuscoli a stampa e trattati di ampia diffusione. I paladini di questa 'guerra delle scritture', che sperimentarono «la forza di persuasione o di sovversione della parola scritta e delle stampe[86]», furono Paolo Sarpi (consultore teologico del Senato veneziano) da una parte e, dall'altra, i Cardinali Cesare Baronio, Roberto Bellarmino e il gesuita Antonio Possevino, che con i loro scritti difesero il papato. Queste vicende veneto-romane ponevano il problema della censura in una prospettiva storico-politica e religiosa fra '500 e '600 e non solo come tema di astratta dottrina politica, anzi segnavano un momento di frattura fra i due poteri in cui le opinioni volevano legittimare una legislazione della stampa che potesse opporsi alle soffocanti ingerenze romane. Per buona metà del sec. XVII il conflitto tra Roma e Venezia in tale materia rimase aperto e lo fu a lungo. Nella maggior parte del patriziato veneziano era viva la volontà di salvare ogni margine di autonomia possibile contro la Curia romana: negli altri Stati italiani «il processo di statalizzazione della censura e il contenimento degli interventi ecclesiastici furono più lenti, giungendo a una completa maturazione solo nel secondo '700»[87], mentre a Venezia tale processo fu più celere. A tale fine i *dictat* della Congregazione giunsero anche a Modena; poche date ne scandiscono la cronologia, ed altrettanto incisive e perentorie furono le circolari che la connotano:

lettera del 22 giugno 1606 (Il Cardinale Arrigoni)

---

[86] Rotondò (1973, 1473).
[87] Infelise (1999, 97).

...mando a V.R. un esemplare dell'editto fatto da questa Sacra Congreg.ne in materia di libri et altre scritture sopra l'interdetto e potestà del Papa stampate e manoscritte con l'occasione dell'Interdetto dè Veneziani, acciò li faccia pubblicare e ristampare in latino e volgare in tutti i luoghi della sua giurisdizione...[88]

L'ordine di pubblicare un editto fu ribadito con maggiore fermezza il 23 settembre 1606 contro «quei trattati ultimamente stampati circa l'interdetto et censure di N. Santità contro la Repubblica di Venezia», nel riaffermare la richiesta si intimava che «se per l'avvenire le capiteranno simili libri, ne mandi qua con un'esemplare et abruci gli altri». A tale ordine il ligio e diligente Calbetti non si sottrasse e prontamente: il 3 ottobre 1606 ristampò l'editto della Sacra Congregazione del 20 settembre e lo sottoscrisse affinché, quei trattati «che contengono molte cose temerarie, calunniose, scandalose, sediziose, scismatiche, erronee e heretiche[89]» fossero proibiti nella città di Modena e nella sua giurisdizione *avendone avuta particolar commissione dalla Sacra Congregazione.*

Di lì a poco, il suo mandato scadrà nel 1607 ma l'impronta lasciata da un uomo dell''Universa Repubblica Christiana degli Inquisitori' come il Calbetti fu indelebile. Come egli stesso aveva percepito, dal nulla aveva strutturato una sede inquisitoriale quale nessun altro dopo di lui seppe fare, inquisitore e censore modello che riteneva di dover solo ubbidire ai comandi e che con fede sincera quel *progetto di Inquisizione* aveva plasmato a sua immagine; con lui si espresse ad alto grado «la Persuasione rafforzata dalla coazione

---

[88] ASMo, *Inquisizione*, b. 251, fasc. V (1606).
[89] I trattati in questione sono: *Considerazioni sopra le censure della santità di Paolo V contro la Serenissima republica di Venezia, del P.M. Paolo da Venetia dell'Ordine dei Servi; Trattato dell'Interdetto della S.tà di Papa Paolo V..., Avviso delle ragioni della Ser.ma Repubblica di Venezia intorno alle difficoltà che li sono promosse da Papa Paolo V; Apologia per le opposizioni fatte dall'Illustrissimo...Sig. Card. Bellarmino alli trattati...di Gio. Gersone.*

in un abbinamento che la dottrina teologica riteneva ovvio, anzi doveroso, anzi vincolante in coscienza»[90].

Bibliografia

Antonelli, A. (2013) *La sezione francese della Biblioteca degli Este nel XV secolo: sedimentazione, evoluzione, dispersione. Il caso dei romanzi arturiani*, in "Ricerche", n.3, on line (www.teca.patroneditore.it).

Biondi, A. (1994) *Gli Ebrei e l'Inquisizione negli Stati Estensi* in "L'Inquisizione e gli ebrei in Italia", a cura di M. Luzzati, Bari, Laterza.

Biondi, G. (2003), *Modena 'metropoli' dello Stato,* Modena, Archivio Storico Comunale (Quaderni dell'Archivio Storico, XV).

Borromeo, A. (1985) *Inquisizione spagnola e libri proibiti in Sicilia e in Sardegna durante il XVI secolo*, in "Annuario dell'Istituto Storico Italiano per l'eta' moderna, XXXV-XXXVI, 1983-1984, Roma, ISI.

Cavarzere, M. (2001) *La prassi della censura nell'Italia del '600,* Roma, Edizioni di Storia e letteratura.

Fantini, M. P. (1996), *Per un inventario analitico dell'Archivio modenese del Sant'Uffizio (1568-1602)* in *Stregoneria e streghe nell'Europa moderna*, Atti del Convegno, (a cura di) G. Bosco, Pisa, Pacini Fazzi.

Fantini, M.P. (1999) *Saggio per un catalogo bibliografico dei processi dell'Inquisizione: orazioni, scongiuri, libri di segreti (Modena 1571-1608)* in "Annali dell'Istituto storico Italo-germanico di Trento, v.25 (1999).

Fontana, B. (1899) *Renata di Francia Duchessa di Ferrara*, voll.1-3, Roma, Forzani.

---

[90] Biondi, A. (1982, 85).

Fragnito, G. (2001) *'In questo vasto mar de libri prohibiti'* in *Censura ecclesiastica e cultura politica in Italia tra '500 e '600*, Atti del Convegno, a cura di C. Stango, Firenze, Olschki.

Fragnito, G. (2005) *Proibito capire. La Chiesa e il volgare nella prima età moderna*, Bologna, Il Mulino.

Fragnito, G. *Le letture sospette: prospettive di ricerca sui controlli ecclesiastici*, (on-line) in *Lectura y culpa en el siglo XVI*.

Frajese, V. (2006) *Nascita dell'Indice. La censura ecclesiastica dal Rinascimento alla Controriforma*, Brescia, Morcelliana.

Infelise, M. (1999) *I libri proibiti da Gutembreg all'Encyclopedie*, Bari, Laterza.

Lupoli, R. (2016) *Arcangelo Calbetti: un Inquisitore manager a Modena nei primi del '600* in *Eretici, dissidenti, inquisitori. Per un dizionario storico Mediterraneo*, I, pp. 271-76, Roma, Aracne.

Manfredi, A. (2001) *Antico e Nuovo Testamento in francese (Bibbia di Nicolo' d'Estè)* (scheda n. 97) in *I Vangeli dei popoli*, Catalogo Mostra, Roma, Biblioteca Apostolica Vaticana.

Perani, M. (1994) *Censura e confisca di libri ebraici a Modena fra '500 e '600* in "L'Inquisizione e gli ebrei", bari, Laterza.

Quondam, A. (1994) *Il libro a Corte*, Roma, Bulzoni.

Rebellato, E. (2008) *La fabbrica dei divieti. Gli Indici dei libri proibiti da Clemente VIII a Benedetto XIV*, Milano, Sylvester Bonnard.

Rotondo', A. (1973) *La censura ecclesiastica e la cultura* in "Storia d'Italia" vol. 5, I Documenti, Torino, Einaudi.

Appendice documentaria

ASMo, Inquisizione, b. 286 (Lettere antiche del Maestro del Sacro Palazzo al P.re Inquisitore, 1601-1607)

Molto rev. P.re,
Io non so nulla che sia moderato il decreto circa littanias, anzi qua s'osserva con rigore, e s'adoperano solo le litanie ordinarie poste nel Breviario et qlle della Beata Vergine di Loreto e non piu'. S'intende pero' in publico, che in privato si lascia dire a ogn'uno le sue divotioni, ma se di nuovo s'havessero a stampare o compor littanie, bisognerebbe fossero approvate dalla S.Congregatione de Riti.
Quanto alle censure io non ne posso servire V.S. perchè non ho pur una, poichè quando entrai qua non parea il tempo di Clemente 8 ma del 7 doppo il sacho e se ben feci strepito, non fui sentito. E a V. S. di cuore mi raccomando.
Roma li 27 di aprile 1602
D. V.P. M.R.
Aff.mo Serv.
Il M.o di Sac. Pal.o

Molto Rev. P.re
Havendo nuovam.te mandato fuori l'alligato Editto in materia di libri per ordine di N.S. e delle Sacre Congr.ni del Sant'Officio e dell'indice, ho voluto capitarne uno a V.S. pensando di farle cosa grata, e con tale occorre raccordarmele come faccio, aff.mo di cuore, et alle sue o(rat)ioni molto mi raccomando.
Roma li 13 d' Agosto 1603
D.V.P.M.Rev.
(Con)fratello aff.mo e x serv.
Il M. di Sac. Palazzo
M.Rev. P.re

Io non ho mai concesso a nessuno quel libro che brama il Sig. Casati, ancorchè non sii stato inoportunam.te mille volte richiesto; tuttavia perche conosco quel gentilhuomo molto pio, e veggo, che la S.V. lo desidera c.io contenti, che at breve tempus V.S. glielo permeta, quel Atlas Mercatoris si potrebbe concedere quanto alle tavole, che contiene Hicosmografia lacerate o impiastrati quei fogli, ove tratta della creat.ne del mondo e ove scrive per quanto mi ricordo alla già empia Regina d'Inghilterra e questo rimetto alla prudenza di V.S., la q.le confesserebbe d'esser libera, se vedesse la servitu', i disgusti e i visi torti di qualc'uno altro. Haverò caro di sapere, se la S.V. anderà la futura Qadragesima à predicare alla Patria, perchè quand'essa ci andasse, vorrei che li' mandassimo una persona amica di tutti [...] che hora me la raccomando. Saluto il S.Priore e quei Padri. Il card. le Terranuova o' e' morto o' agonizza.

Roma li' 20 marzo 1604, D. V.P. M.to Rev.

Il Rosario di Guelfucci e' buo' libro

E s'e' ne ebbe licenza di N.S.

F.ello Amor.mo   Il M. di Sacr. Palaz.

Molto Rev. P.re

Nel particulare che V.S. scrisse, no' vi è occasione di cosa buona, perche' pretende un [...] li' e credo otterrà. Si tratta alla gagliarda qui nell'off.cio mio di fare un Indice espurgatorio di libri e vi si è eretta una Congr.ne di molti Theologi con ord.e et autorità della Sacra Congr. dell'Indice, e trattandosi del opere del Castelvetro, e mostrando io qualche affetione verso di loro, si è risoluto, ch'io scriva a V.P. come faccio e la prego voglia tenerne proposito con Monsig.r R.mo Vesc.vo e con chi giudicherà bene e vedere di farli una bella censura, e compita, ch'io faro' si, che sia posta nel espurgatorio, e se la P.V. havesse qualche avertimento e qualche altra censura da darmi mi farebbe cosa gratiss.a e ne la prego et il Sig.or li buoni [...] con quei Padri, quali saluto.

Roma li 22xbre 1604
D.V.P. m.to Rev.a
Fr.ello amor.o x serv.
Il M.ro del Sac.Pal.

Molto rev. P.re
Ricevo le due censure che la S.V. si è compiaciuta mandarmi, e la ringraz.o senza fine, ma è di altr'opere sue del Castelvetro non si è [...] prendere qualche pensiero! Ne suplico se V. S. fosse di qua sentirebbe tante e si diverse chiachiere che stupirebbe. Si danno e si disfano più di 20 capi il giorno, e ognu'uno grachia a modo suo, secondo portano li affetti e le pass.ni sue. Dio ci aiuti, si teme di lunghezza e hieri per conformità uscì di Conclave v. Cecilieri.
A V. S. mi racc.do
Roma li 17 marzo 1605
D.V.S. mo.o Rev.
F.ello e x serv.
Il M.ro del Sac. Palazzo
Molto Rev. P.re
Io non costumo di dar licenza di quei libri che ultim.te mi scrive V. S. ma è bisogno, che quei Inq.ri ricorrino altrove, è a la Sac. Congr.ne del S.Uff.o o del Indice con adoperar qualche pretentionato mezzo che già non le ne manderanno. E a V. S. molto mi racc.do
Roma li 24 di aprile 1605
D. V.P. m.to Rev.
Fr.ello x serv.to
Il M. ro del Sac. Pal.

Molto rev. P.re
Si vedrà di fare intorno alle censure del Castelvetro con manca diligenza di quella io scrissi che è in vigore conforme all'Indice e,

basterà il iuditio della P.V. del quale io faccio capitale, e se vorrà camminar innanzi alla censura dell'altre opere sue, si farà il medesimo, di qua s'attende caldam.te a' questo Espurgatorio, per la qual impresa la hanno gli Ill.mi S.ri Card.li dell'Indice eretta una nova Congr.ne nanti di me di molti theologi, e canonisti, e se questa volta non spunta qualche cosa, credo mai piu', se a V.S. occorresse darci qualche ricordo mi sarebbe gradi.mo; e per hora resto suo al solito. Quell'amico haverebbe fatto meglio a starsi alle cure di quelle pecorelle, ove faceva il servitio di Dio e della religione, et anch'egli se ne è pentito, ma tardi, in somma tra le nostre miserie vi è anco quella di cambiar volentieri loco, e molte volte in peggio.

Roma li 23 di (7)mbre 1605
D.V.P. m.to Rev.a
Amor. mo fr.ello
Il M. di Sac. Pal.

Molto Rev. P.re
Mando a V. S. un nuovo editto mella m(ateria) de' libri stampati che è pubblicato d'ordine di […] e me la racc.ndo […] e la prego di buone feste.

Roma li 17 di (dic)embre 1605
D.V.P.m.to Rev.a
Amor.o Fr.ello
Il M. ro di Sac. Pal.

Molto Rev. P.re
La P.V. nel negotio di quell'amico non faccia se non quello le torna bene, io stimo molto più l'honore e la quiete sua, che qualunque altra cosa, e la ringratio grande.te di quanto ha sin qua fatto. Intorno all'Espurgatorio posso dire alla P.ta V. ra, che io sono grandem.te inanti e tuttavia affatico me et altri ma il negotio è così grande, che sendo io solo nell'officio per essere i compagni an-

dati a predicare non potrò mettere mano alle stampe se non dopo il ritorno loro; onde potrà essere facilm.te che le censure sue venghino a tempo, che è quanto per hora m'occorre, et a V. P.tà di cuore mi raccomando.

Di Roma li 18 febraro 1606
D. V.P. m. to Rev.a
Amor.mo Fr.tello
Il m.ro di Sac. Pal.

Molto rev. P.re

La ringratio dell'avviso di quel libro del cav. Bonardo Frategiano; vedrò se lo posso trovare, e li farò quella carità che merita. Quanto a gli Evangelii volgari anche qua si è talm.te allargata la faccenda, e ne vengono in tanta quantità che senz'altra licenza sono communi a' tutti; parlo però solo quelli di Remigio ch'hanno l'annotazione, restando tutti gli altri banditi e qui entra quel detto Communis error fecit legem; tuttavia alla pr.a Congrega.ne dell'Indice ne moverò parola et avvisarò subito V.P.ta, alla quale per hora di cuore mi raccom. do.

Di Roma il 1 di aprile 1606
D.V.P.ta m.to Rev.da
Amor.mo fr.tello
Il M.ro di Sac. Pal.

Molto rev. P.re

Non passerà un mese che si pubblicherà un Indice Espurgatorio uscito di questo officio, sul quale troverà (credo) questa parte dei libri desiderati da quel Sig.re Paoloemilio Casati; Io havrò pensiero di mandarne uno a V.P.ta e non vi essendo da dar intiera sodisfatione a quel Cav.re, V.P.ta potrà avisarmi e cercaremo di consolarlo. Al dubbio, che lei mi ricerca delle sua facoltà in materia di libri, le dico, che facci diligentia fra le lett.re della Sacra Congre.ne al P.re Inquisitore suo Predecessore in questa materia, che si chiarirà, e la sostantia è, che gli Inquisitori non ponno dar licenza di leggere libri proibiti, cosa che a me' parme grave stando le regole dell'Indice, ma li P.roni la vogliono a' modo suo. Nel resto già la P.ra V.a è informata dell'ottima volontà mia verso di lei; onde senza dirle altro resto pregandole dal Sig.re ogni maggior consolatione.

Di Roma li 21 aprile1607

D.V.P.ta m.to Rev.a

Amor.mo fr.tello

Il M.ro di Sac. Pal.

4. Storie di censura in 'biblioteche eccellenti' della Corte Estense nel sec. XVII

Le fonti documentarie ci permettono di delineare, per l'area modenese, la scrupolosa applicazione dell'Indice Clementino del 1596 e la supervisione accorta e pervasiva della Congregazione dell'Indice, e allo stesso tempo di penetrare le dinamiche della censura ecclesiastica nei primi anni del sec. XVII. Vi si possono annoverare in primis: le lettere, dirette dalla Congregazione dell'Indice al tribunale dell'Inquisizione, che ci offrono i dati per seguire sul territorio le direttive romane e i modi con cui si provvide all'applicazione dell'Indice. Nel Fondo archivistico del tribunale dell'Inquisizione di Modena il fitto scambio epistolare fra centro e periferia è mescolato alle lettere dell'altra Congregazione 'sorella' di Santa Romana Chiesa, la Sacra Congregazione del S. Uffizio, che vigilava sull'operato processuale degli Inquisitori locali. In pratica le due autorità preposte a combattere l'eretica gravità operavano su due fronti paralleli che vedevano proliferare l'eresia nel quotidiano e comportavano la diffusione di una mentalità espurgativa, dall'ampia valenza teorica, atta a ripulire sia i testi sia le anime pie dei cristiani.

Da questo assunto teoretico si passò nella pratica a un'identificazione del libro proibito e del libro eretico, di cui si riteneva contagioso il contatto, poiché entrambi erano veicoli di 'heretica pravità', secondo la nota metafora della peste.

Cessata l'emergenza protestante (ove la censura aveva operato con la mannaia) si avviò un'attività censoria quotidiana e pervasiva, sistematica e organizzata, destinata a burocratizzarsi[1].

In sostanza alla base del programma di controllo sulla stampa vi fu, come ha affermato Antonio Rotondò[2], «l'azione spesso determinante della vigilanza censoria sulla più minuta circolazione del libro e delle idee». La corrispondenza fra la Congregazione dell'Indice e il tribunale di Modena – sebbene le lettere erano equivalenti a 'circolari' per tutte le sedi ed esprimevano l'orientamento uniforme da applicarsi alle proibizioni librarie – vale molto per la conoscenza che ci offre dell'applicazione dell'*Indice*, unico catalogo di libri normato dall'autorità ecclesiastica centrale, per farci cogliere le problematiche sollevate dal controllo della produzione e della circolazione libraria nel verificare il funzionamento dell'apparato censorio romano e periferico. Oltre le lettere e gli editti promulgati dagli inquisitori che contenevano le proibizioni dei testi dai circuiti editoriali, vi sono altre fonti storiche e documentarie per conoscere l'opera di controllo esercitato dalla Congregazione dell'Indice, fonti che si adattano perfettamente a fotografare una realtà mentre è in funzione; come gli *inventari,* quando abbiamo la fortuna di averli perché conservati o quando si trovano fortunosamente[3]. Tutti gli inventari del tribunale dell'Inquisizione di Modena dedicano la parte iniziale all'elenco dei libri dell'Inquisitore e al suo arsenale, dove trovano posto gli strumenti per istruire i processi e l'armamentario del suo sapere giuridico. Non a caso la manualistica inquisitoriale a Mo-

---

[1] Capucci (2001, 50).
[2] Rotondò (1963, 146).
[3] Prosperi (1998, 10).

dena era registrata nei suoi più accreditati esemplari[4], e sempre in questi Inventari trovano posto *l'Indice dei libri proibiti* e quello dei *Libri da espurgare* dandoci la conferma di quel particolare rapporto tra archivio e biblioteca, che è una costante del lavoro intellettuale dell'inquisitore. Infatti, sembra esserci una linea di confine netta fra biblioteca e archivio, come netta era la divisione fra libri da consultare e libri da occultare, libri di ausilio per espletare l'ufficio di Inquisitore e quelli che si accumulavano per effetto delle campagne antiereticali (sequestro e consegna).

Come una struttura provvidenziale, quello che i cattolici chiamavano "Santo Uffizio' e i riformati 'tribunale sanguinario' era sorto per proteggere la fede dalla peste ereticale disseminata dai libri: e per questo la sorveglianza contro i libri sospetti fu uno dei compiti fondamentali del tribunale: i libri dell'Inquisitore, insomma erano destinati a combattere e cancellare altri libri; le sue idee erano da imporre al posto di altre. Il suo luogo di lavoro era un fortilizio, una torre di guardia per sorvegliare gli eventuali segni dell'avanzare della 'peste ereticale'[5].

Altre fonti storiche privilegiate per lo studio di un fenomeno storico, quale fu la censura libraria, oltre agli editti, agli Indici dei libri proibiti e altri provvedimenti censori dell'autorità centrali furono i processi inquisitoriali, che spesso nel relativo incartamento conservavano l'inventario dei beni sequestrati agli imputati con l'eventuale elenco dei libri proibiti dei quali era stato trovato in possesso. Di eguale interesse sono gli *inserte* contenuti negli atti processuali come *corpora delicti*, testi manoscritti[6] inventariati dall'Inquisitore e conservati nei fascicoli processuali ascrivibili al *mare magnum* della letteratura popolare e devozionale inclusa nel

---

[4] Lupoli (2014, 45-48).
[5] Prosperi (1998, 11).
[6] Fantini (1999, 587-668).

vasto genere editoriale delle *historiette*, proibite anche negli Indici. Altrettanto preziosi sono gli Inventari di biblioteche private, di librerie, di professionisti e quelli inglobati in beni ereditari che ci illuminano sulla circolazione dei libri proibiti, sulla loro concentrazione anche in luoghi non sospetti come conventi di ordini religiosi, 'inferni' dove i libri si accumulavano e si occultavano.

Ed è proprio quest'ultimo ordine di fonti che esamina questo studio, documenti conservati nel ricco patrimonio archivistico dell'Archivio di Stato di Modena, inventari di libri di biblioteche 'eccellenti' (perché appartenenti a Principi reggenti o ad eredi, come l'inventario dei libri di Leonardo Salviati, lasciati in eredità ad Alfonso II d'Este a Ferrara nel 1591; o l'inventario della Libreria del Cardinale Alessandro d'Este a Roma, in eredità al nipote, principe Luigi d'Este, nel 1624). Il loro studio mostra quanto l'autorità ecclesiastica sia stata dominante e repressiva nel suo progetto di sorveglianza, persino sull'autorità laica, e ancora più invasiva alla fine del '500, nel momento di massimo rigore dell'applicazione dell'Indice Clementino del 1596, fino a un controllo più sfumato nei primi decenni del '600, quando il disegno di un'egemonia centralizzata sulla stampa si rivelò utopistico e inefficace.

Ferrara: l'inventario dei libri del 'censore' Leonardo Salviati

La censura e i libri proibiti, individuati dall'Inquisitore di Ferrara (all'incirca nel 1596) nell'inventario *post-mortem* del famoso letterato fiorentino Leonardo Salviati, padre fondatore dell'Accademia della Crusca, sono contenuti in un documento inedito[7] relativo

---

[7] Il documento è conservato in ASMo, *Amm.ne della Casa, Biblioteca*, fasc. 12. È rilegato con altro fascicolo, probabilmente parte di un catalogo di libri forse appartenuti ad Alfonso II d'Este, rilegati insieme nel sec. XVII. Il fascicolo, in

alla sua Biblioteca 'eccellente' lasciata in eredità al Duca Alfonso II d'Este, come ci ragguagliano gli studi di due storici di fine '800, Giuseppe Campori e Venceslao Santi[8].

Le notizie biografiche su Leonardo Salviati (Firenze 1540 - Firenze 1589), attivo alla Corte di Ferrara di Alfonso II per pochi ma significativi anni (1587-1588), ci riportano al suo ruolo di principale promotore dell'Accademia della Crusca. Infatti fece parte dei 'Cruscanti' col nome di *Infarinato* e contribuì attivamente alla stesura del *Vocabolario* fino alla sua morte, e pubblicato poi nel 1612. Fautore della lingua letteraria trecentesca, curò un'edizione del *Decamerone* del Boccaccio pesantemente espurgata, tanto da farlo definire da qualche contemporaneo «pubblico e notorio assassino del Boccaccio»[9].

> Salviati non aveva avuto esitazioni nello stravolgere completamente testo, significati e persino la geografia e la cronologia, riambientando i racconti in luoghi e tempi estranei alla cristianità[10].

La sua famosa rassettatura del *Decamerone* del 1582, manifesto di questo genere di interventi, fu curata con apporto filologico crescente; famosa fu pure una sua celebre disputa letteraria col Tasso nelle opere *Infarinato primo* (1585) e *Infarinato secondo* (1588) con il quale stroncò la *Gerusalemme Liberata* difendendo la preminenza linguistica del fiorentino rispetto alle scelte linguistiche operate dall'autore. Notizie interessanti sulla sua permanenza alla Corte Estense le fornisce lo storico modenese Giuseppe Campori, che studiò i documenti archivistici modenesi relativi al Salviati nel suo

---

discreto stato di conservazione, consta di cc. 7 num. Il documento, ritrovato dalla Scrivente, è inedito.

[8] Campori (1874) e Santi (1892, 2-12).
[9] Infelise (1999, 47).
[10] Infelise (1999, 47).

articolo del 1874, dei quali ci ha lasciato una breve sintesi mano-scritta[11] che illumina sui rapporti del Salviati con la corte degli Este a Ferrara:

Fino dal 1586 il Salviati fece istanza di essere accettato al servizio del Duca per la designazione di ufficio, ma come servitore trattenuto. L'Ambasciatore estense a Firenze Ercole Cortile condusse la pratica, la quale rimase conclusa nei primi giorni del 1587 contentandosi di altri 200 scudi quando egli avesse voluto assumere la lettura dell'Università che si trovava vacante. Venne il Salviati a Ferrara nei primi di marzo del 1587 ma vi rimase poco più di un anno, forse per l'insalubrità dell'aria, o perché vi risentisse dei mali da cui era stato afflitto negli anni passati. Non perdette per questo la grazia del Duca, imperocché trovasi che, essendo egli caduto precocemente infermo in Firenze l'anno 1588, quel principe gli mandasse in dono 100 scudi e ordinasse al Cortile di non lasciarlo mancare di ogni cosa potesse abbisognargli. Il Salviati avrebbe avuto in animo di scrivere la storia di casa d'Este ma non pare che ricevesse incoraggiamento in questo proponimento dal Duca di Ferrara.

Non sembrano giunte ai posteri per fama, le due orazioni fune-bri scritte dal Salviati nel 1587[12], che fecero dire al Campori «saggio della sua mediocre perizia nel comporre orazioni funebri». Ma l'ambizione del Salviati era altra, come informa sempre lo stesso Campori, da una lettera diretta al Cortile:

---

[11] La memoria autografa del Campori è collocata in ASMO, *Arch. per materie, Letterati*, b. 58 (Leonardo Salviati 1570-1588) da datare al 1861-62, come informa l'archivista del tempo (Giuseppe Campi, Direttore dell'Archivio in quegli anni) nella data apposta alle trascrizioni dei documenti.
[12] *Orazione del Cavalier Lionardo Salviati delle lodi di donno Alfonso d'Este recitata nell'Accademia di Ferrara per la morte di quel signore*. In Ferrara: nella stamparia di Vittorio Baldini stampatore ducale, 1587; *Orazione delle lodi di Don Luigi Cardinal d'Este fatta dal cavalier Salviati nella morte di quel signore*. In Firenze: appresso Antonio Padovani, 1587.

desidererebbe per sua reputazione che gli si desse titolo della Morale di Aristotele, come ebbe il Pigna, e che si dichiarerebbe il testo greco in lingua volgare come si usa qui[13].

E fu questo l'incarico che ebbe nell'Università di Ferrara, come attestano i *Memoriali* dello Studio ferrarese dove il Salviati vi compare come «Lettore delle Morali di Aristotele[14]».

Ai fini dello studio del documento pertinente alla libreria del Salviati, occorre riportarsi alle disposizioni testamentarie da lui fatte a favore del Duca di Ferrara Alfonso II d'Este[15]. Infatti nel suo ultimo testamento

si lesse aver egli lasciato al Duca Alfonso suo clementissimo domino tutti i libri che si trovava aver tanto in Firenze come in Ferrara, così manoscritti come stampati, apparenti dall'inventario di mano esso testatore, o di Sebastiano de Rossi, suo familiare. Il Conte Giglioli successore del Cortile in Firenze, al 15 di luglio mandava avviso della morte del Salviati, accompagnandovi una copia dell'inventario dei suoi libri e delle sue scritture[16].

Nella considerazione degli storici modenesi si accordava maggior importanza all'opera del Salviati, *Commentario della Poetica di Aristotele,* il cui manoscritto il Campori credeva compreso nel legato al Duca di Ferrara, ma che fu invece lasciato, per testamento, a Bernardo dè Rossi (Accademico e Segretario della Crusca col soprannome di *Inferrigno*), con l'incarico di completare l'opera e farla stampare con la dedica al Duca Alfonso II. Le altre scritture comprese nell'inventario dei libri del Salviati, redatto *post-mortem* e rientranti nel lascito al Duca, sembravano di minor conto per i

[13] Campori (1874, 156).
[14] Campori (1874, 156, nota 1).
[15] Campori (1874, 159).
[16] Il testamento del Salviati fu rogato dal notaio Francesco Parenti; con altri sono conservati all'Archivio di Stato di Firenze (*Protocolli di Ser Francesco Parenti*).

nostri storici, mentre al manoscritto del *Commento alla Poetica* era accreditata una considerazione maggiore, in quanto reputata opera di pregio.

E mentre, rispetto all'inventario dei libri, il Campori lasciò sospese le sue ricerche dichiarando che

le ricerche da noi fatte per rinvenire l'inventario inviato dal Giglioli e per conoscere se veramente il legato avesse il suo adempimento furono vane[17].

Il Santi, da parte sua, si sofferma sulla conclusione finale di quegli adempimenti testamentari. Infatti, corroborato dai documenti d'archivio che datano la trasmissione del lascito a Ferrara nel 1591, conferma che

il Duca di Ferrara mediante i suoi agenti in quella città (Firenze) assai si adoperò per avere le scritture lasciategli dal Salviati e che il Governo Granducale accondiscese alla trasmissione a Ferrara di tutti quei manoscritti e segnatamente della Poetica, dietro la formale promessa che esaminato il lavoro, il Duca l'avrebbe rinviato a Firenze[18].

Sulla storia del *Commento alla Poetica di Aristotele* gettano luce anche alcune lettere di Bastiano de Rossi al Laderchi, come pure sul completamento dell'opera (mai avvenuto); invece sul lascito e sul suo arrivo a Ferrara nella biblioteca ducale fa fede proprio questo inedito documento, *Inventario dei libri del Salviati*, sul quale occorre soffermarsi non solo per l'occasione colta da Alfonso II di arricchire la sua biblioteca di «cimeli allora saliti in gran voga e di tal qualità da non trovarsene facilmente fuori di Toscana», ma anche perché ha un elemento che lo rende ancora più interessante, ovvero l'esame cui lo sottopose l'Inquisitore di Ferrara – probabil-

---

[17] Campori (1874, 160).
[18] Santi (1892, 11).

mente in anni successivi al 1591 – come fanno supporre le annotazioni apposte nell'ultima carta del fascicoletto che si riferiscono
alla pubblicazione dell'Indice Clementino del 1596, *Indice nuovamente mandato fuori da Sua Santità*. Tale esame era giustificato
dall'adempimento che gli ordinari e gli Inquisitori dovevano fare
nel trapasso ereditario dei beni agli eredi, per evitare che libri
proibiti o eretici passassero in contumacia e quindi circolassero
occultati come beni ereditari, regola approvata già dai primi indici
dei Libri proibiti.

Il nostro manoscritto, dall'aspetto modesto, consta di circa cc. 7
numerate e senza coperta; è accorpato ad altro inventario parziale[19] della Biblioteca ducale del tempo, probabilmente di Alfonso
II - *Inventario di libri non buono* - databile allo stesso periodo cronologico, in cui i libri sono segnati genericamente senza ordine alfabetico ma raggruppati per materia (*Philologi, Grammatici, Historici*),
trattandosi soprattutto di incunaboli e cinquecentine. I due inventari furono poi rilegati insieme nel sec. XVII, come sembra indicare la tipologia della rilegatura, probabilmente in epoca successiva allo spostamento della Corte Estense da Ferrara a Modena.

L'Inquisitore e la biblioteca del 'censore Salviati'

L'inventario della Biblioteca del Salviati, munificamente lasciata
in dono al Duca Alfonso II, è per nemesi storica la censura a un
dotto del suo tempo, famoso per «il regolato favellare e la purità
delle voci», che aveva espurgato con la nota 'rassettatura' il *Decamerone* del Boccaccio, apportandovi modifiche tali da fargli quasi
esercitare una vigilanza morale drastica sull'opera. Però alla nemesi della censura ecclesiastica non poté sottrarsi neanche lui, né i
suoi libri che facevano della sua biblioteca un nucleo filologico,

---

[19] ASMO, *Amministrazione della Casa, Biblioteca*, Filza 12.

paradigmatico di opere a stampa e manoscritte latine greche e in volgare di stampo umanistico. Egli fu quindi un «censore censurato».

Da un punto di vista documentario l'inventario della sua Biblioteca (stilato *post-mortem*) è un fascicolo cartaceo di poche pagine, compilato come un elenco di libri a stampa e manoscritti mescolati senza un ordine preciso, recante quali dati identificativi autore e titolo senza i dati bibliografici dell'anno di stampa e dell'editore, quindi poco dettagliato e analitico. La sola suddivisione è data dal formato «in foglio in quarto, tutti i suddetti libri sono in una cassa grande di pezzo»: ovvero un elenco redatto più per una quantificazione patrimoniale, che per designare il possesso di cimeli culturali adatti alla cultura del Salviati. Segni di spunto accanto a ciascun testo testimoniano l'esame dell'Inquisitore, come confermano le sottoscrizioni apposte nell'ultima carta del fascicolo:

(c.7r)
Memoria dè i libri del Sig. cav. Salviati di on(orata) me.(moria) parte datti al Padre Inquisitore et parte bruggiati per essere proibiti dal Indice nuovamente mandato fuori da Sua Santità

> *Le Novelle del Boccaccio di stampa antica*
> *I Dialoghi di Luciano*
> *L'Asino di Apuleio*
> *Polidoro Virgilio*
> *Poema di Giulio Cesare Scaligero*
> *Ghiribizzi del Calmo*
> *Merlin Toccaio*
> *Biblioteca Universale di Corando* (Conrad Gesner*) eretico della 1ª classe*
> *Evangelii vulgari*
> *Gli atti degli Apostoli vulgari*

Alle note manoscritte sulla censura dell'inquisitore e alla sua datazione cronologica - 1596, anno della stampa dell'Indice Clementino - seguono altre due note specifiche all'iter testamentario a favore del Duca Alfonso II, che eseguivano sia la volontà del testatore che del Duca beneficiato, il quale a sua volta aveva restituito a Bastiano dè Rossi il manoscritto del *Commento della Poetica di Aristotele* del Salviati che doveva completare.

Il Segretario dell'Accademia della Crusca (Bastiano dè Rossi) si hebbe non poche cose scritte appinna di commissione del Ser.Sig. Duca
Il Sig. Gio. Batt.a Pitti hebbe ancor lui non pochi libri scritti appinna che aveva esitati al Cav.re

L'universo culturale che ci restituisce l'inventario della Biblioteca del Salviati è quello di un colto e raffinato filologo umanista, che spazia dal campo filologico, con ogni sorta di Vocabolario (latino, greco, germanico, un *Calepino* stampato a Venezia) al genere letterario e filosofico classico, come a quello di scelte culturali vicino al tempo, per giungere a una grande quantità di opere e autori, commento di opere aristoteliche che il Salviati studiava non solo ai fini del suo enciclopedico *Commentario,* ma anche per le sue letture nello Studio ferrarese.

Non mancano in questo assortito compendio del sapere umanistico di fine '500 le opere stesse del Salviati:

Orazioni del Cavalier Salviati,
il Boccaccio corretto dal Cavallier Salviati
Avvertimenti della lingua del Cavallier Salviati,
L'Infarinato secondo dislegato (opera del 1588)
Il Boccaccio corretto l'anno 1573,
il Boccaccio non corretto (proibito, come da annotazione manoscritta dell'Inquisitore)

Anche il panorama degli autori classici è rappresentato al meglio: *Pontano, Bembo, Boccaccio, Ariosto, Il Cortegiano del Castiglione, l'Amadigi del Tasso, le opere di Prisciano, la Difesa di Dante del Mazzoni, Annotazioni sopra il Decamerone per i correttori del '73, Pulci, il Furioso dell'Ariosto, la Gerusalemme del Tasso, l'Orlando del Boiardo, le Prose del*

Bembo, ed altre mescolate a testi di filosofia, retorica ed autori greci e latini costituenti un piccolo scrigno bibliografico, espressione di una sofisticata cultura linguistica e filologica, sezionato da un occhiuto Inquisitore ferrarese, all'alba delle applicazioni censorie dell'Indice Clementino nel 1596. Anno spartiacque della galassia Gutemberg in cui era entrata l'Italia, anno in cui non ci si esimeva di censurare persino la biblioteca di un letterato, che era stato, a sua volta censore, anno in cui gli stessi Principi (come Alfonso II) dovevano sottostare a una norma già disciplinata dall'Indice Tridentino nel 1564. Infatti, in virtù della regola X dell'Indice Tridentino che regolava la vigilanza e il controllo delle biblioteche private, al momento della morte del proprietario nel successivo passaggio agli eredi, e che fossero Principi poco importava, bisognava preparare l'inventario dei libri lasciati in eredità per farlo verificare alle autorità vescovili e inquisitoriali. Tale regola era ulteriormente ribadita nell'*Indice dei libri proibiti nuovamente fatto da N.S. Clemente VIII*[20] promulgato dal Vescovo di Ferrara Giovanni Fontana e dal frate inquisitore Battista Finario, Maestro e Inquisitore di tutto lo Stato di Ferrara, stampato nel 1596. Il primo avviso dell'Editto è indirizzato proprio «agli eredi ed esecutori dè testamenti, e ultime volontà, siano avisati, che non possono tenere, leggere né rendere libro alcuno né scritto né stampato lasciato in dono o per testamento dal defunto se prima non havran fatta fedelmente la lista d'ogni libro a stampa, ò scritto a mano, presentandola a Noi sottoscritta e approvata». E per applicare tale regola non fu risparmiata neppure la biblioteca *selecta* del Salviati, depauperandola di libri *bruggiati, o dati all'Inquisitore,* nemesi consumata nell'ostile silenzio del Duca (che per obbedienza acconsentì) e nel disprezzo della memoria del purista, fautore del *bel favellare toscano,*

---

[20] L'editto è conservato in ASMO, *Inquisizione,* b. 270, fasc.IV (Decreti 1582-1598).

attuata in nome di quella che fu «alla fine del '500, la decisa e generalizzata repressione del dissenso, e l'apparato di controllo e di distruzione delle voci stonate[21]».

Mirandola: libri proibiti della biblioteca di Federico II Pico

L'opera pervasiva della censura ecclesiastica fece sentire il peso della sua autorità non solo nella grande corte degli Este, ma anche in quelle piccole corti padane, dove - come in altre corti minori dello stato Estense - si respirava l'aria del nuovo umanesimo ed i libri dei Principi si affiancavano alla supremazia delle spade per riaffermare, attraverso la cultura, la coscienza familiare e dinastica della Casata.

In tale ambito ideologico si formò la raccolta libraria dei Pico della Mirandola. La loro Signoria su Mirandola e sulle terre limitrofe ebbe un primo importante riconoscimento nel 1432 - ratifica imperiale della loro investitura nel 1432 - seguito alla fine del sec. XVI dal titolo di Principi della Mirandola e Marchesi di Concordia, ottenute dall'Imperatore Rodolfo d'Asburgo ed infine, nel 1607, dal titolo Ducale. Poi nel sec. XVIII l'ultimo Duca fu privato del Ducato, che fu devoluto agli Estensi, mentre la loro biblioteca, come altre biblioteche principesche, seguì le alterne vicende dei Signori che l'avevano istruita, passando poi nel Palazzo Ducale di Mantova. Del Duca Federico II Pico sono noti i titoli ricevuti dall'imperatore Rodolfo II d'Asburgo nel 1596 e il suo impegno nell'erigere Mirandola a Città e principato; invece alcune testimonianze archivistiche riconducono all'ambiente culturale che, con la sua biblioteca, si attivò a creare. Negli atti del S. Ufficio di Reg-

---

[21] Rozzo (2010) voce *Biblioteche e censura libraria,* in *Dizionario storico dell'Inquisizione.*

gio Emilia[22] (che aveva giurisdizione anche su Mirandola) sono conservate due lettere scritte dal Cardinale Arrigoni al padre Inquisitore di Reggio[23], eretta già dal 1598 a sede inquisitoriale, che manifestano l'interesse della Sacra Congregazione per una visita alla biblioteca dei Duchi di Mirandola, in virtù delle norme di censura libraria vigenti dopo l'Indice Clementino.

Nella prima lettera[24], il Card. Arrigoni della Sacra Congregazione del S. Uffizio non concedeva al Duca Federico II Pico la licenza per la lettura di un libro di *Bodino*; poi in seguito ordinava:

Rev.P.re,
    per ordine di questi miei Ill.mi Sigg. Card.li Colleghi fo sapere a V.Rev.tia che conceda per tre anni prossimi avenire al Signore della Mirandola la licenza di tenere e leggere i libri notati nell'inclusa nota con far cassare da essi le cose che devono cassarsi, facendosi prima dar la nota di detti libri col luogo ed anco della stampa, et faccia sapere à detto Signore che li tenga in maniera che non possino esser letti né visti da altri: però ella li ne conceda licenza in scritto con dette clausole
    Di Roma li 5 maggio 1602

Nella stessa lettera veniva anche ribadita la proibizione della lettura di due opere di Jean Bodin e dei *Discorsi sopra la prima deca di Tito Livio*, mentre concedeva la licenza di poter leggere e tenere presso di sé una manciata di opere[25], non reputate idonee alla sal-

---

[22] I documenti in parola sono conservati nell'Archivio Diocesano di Reggio Emilia, inseriti nel codice cartaceo *Tomus Primus Litterae trasmissae a Supremo Tribunali a 1598 usque ad 1611*, rispettivamente Lettera n. 53 e Lettera n. 38.

[23] Era al tempo Inquisitore a Reggio P. Angelo Bucci da Vigole, dal 1601 al 1604.

[24] *Lettera del 14 luglio 1601* e *lettera del 5 maggio 1602*. Le lettere sono riportate in appendice al contributo di Brunetto Carboni, *Alcune letture proibite di Federico II Pico* in "La biblioteca dei Pico nel Palazzo Ducale di Mirandola. Il catalogo del 1723", a cura di Montecchi (2006, 73-79).

[25] Nella lista erano comprese le opere: *Biblioteca Generi* (Conrad Gesner, Biblioteca universalis, Zurigo 1545), *Epitomae Bibliothecae Gisnerij* (Josias Simler, Epi-

vezza del buon cristiano e come tali da espurgare e custodire in luogo appartato dall'altrui vista.

Si trattava di opere di autori che pur avendo scritto di scienze profane avevano aderito alla Riforma oppure che, pur essendo rimasti entro i confini della cattolicità, si erano fatti promotori di dottrine ritenute eterodosse o almeno pericolose[26].

Se si vogliono trarre conclusioni da questa ridotta lista di libri, si possono individuare nella biblioteca del Principe Federico II Pico opere apparentate all'ambito storico politico (Machiavelli, il *De Monarchia* di Dante) oppure opere affini a interessi riconducibili alla sua formazione e alla sua educazione di principe (trattati sul duello e sulle paci).Vi era anche inclusa una ricca silloge di opere filosofiche, che secondo le tipologie disciplinari del tempo erano sottoposte al vaglio della censura: le riletture di Aristotele e le nuove concezioni della natura e del sapere scientifico, che in particolare alla corte dei Pico si riannodavano agli antichi saperi scientifici di Giovanni Pico.

Benché questi testi ci documentino esclusivamente l'orientamento meno ortodosso della biblioteca e delle letture dei Pico, essendo presumibilmente la gran parte della loro raccolta piena di testi per la scuola, per l'educazione del principe, per la devozione e la formazione religiosa, per la conversazione e il vivere civile…essi tuttavia restano significativi di un orientamento certamente

---

tome Bibliothecae Conradi Generi, Zurigo 1555*), Polidoro Virgilio de inventionibus rerum, Il Muzio del Duello, Altri Trattati del Duello utili alle paci, La poetica del Castelvetro (Poetica d'Aristotele volgarizzata et sposta per Lodovico Castelvetro,* Basilea 1576), *L'opere del Cardano, L'opera del Telesio, l'Alcorano volgare (L'Alcorano di Maometto…*tradotto dall'arabo in lingua ital., Venezia 1547*) Julii Caesaris Scaligeri Commentaria in Teofrasti.*
[26] Montecchi (2006, 40).

radicato nel territorio (ne fa fede la persistenza dell'opera di Castelvetro) e aperto alla lezione che veniva dai più attivi centri editoriali d'Oltralpe[27].

Gli zelanti inquisitori che visitarono la biblioteca dei Pico a Mirandola avevano dunque la facoltà di cernere le letture che dovevano rientrare in uno studio edificante e mirato senza sospette eresie, e conformare anche le biblioteche dei Principi (che certo non accoglievano di buon grado i condizionamenti della censura romana) a una *forma mentis* maturata in Italia nell'età della Controriforma.

Bibliografia

Campori, G. (1874) *Il cav. Lionardo Salviati e Alfonso II duca di Ferrara* in "Atti e memorie della deputazione di Storia per le antiche province modenesi, vol. 9 (1874).

Capucci, M.C. (2001) *Una società di delatori? Appunti dai processi modenesi del S.Uffizio (1590-1630),* pp.45-62, 1, in *Il piacere del testo. Saggi e studi per Albano Biondi,* a cura di A. Prosperi, Roma Bulzoni.

Carboni, B. (2006) *Alcune letture proibite di Federico II Pico,* pp. 73-79 in *La Biblioteca dei Pico nel Palazzo Ducale di Mirandola. Il catalogo del 1723,* a cura di G. Montecchi, Mirandola, Gruppo studi Bassa modenese.

Lupoli, R. (2014) *I Manuali dell'Inquisizione di Modena,* pp. 45-48 in *Eresie e magie tra Modena e Bologna,* Catalogo Mostra, S. Giovanni in Persiceto, Il Maglio.

Montecchi, G. (2006), *I libri dei Pico della Mirandola* in *La biblioteca dei Pico nel Palazzo Ducale di Mirandola.*

Rotondò, A. (1963) *Nuovi documenti per la storia dell'Indice dei libri proibiti,* in "Rinascimento", n.s., 1963, n. 3.

---

[27] Montecchi (2006, 41).

Rozzo, U. (2010), voce *Biblioteche e censura libraria*, in *Dizionario storico dell'Inquisizione*, vol. I, Pisa, Ed. Scuola Normale.

Santi, V. (1892) *Leonardo Salviati ed il suo testamento* in "Giornale storico della letteratura italiana" vol. 19 (1892).

Savelli, R. (2008) *Biblioteche professionali e censura ecclesiastica (XVI-XVII sec.)* (on line) in MEFRIM, 120/2.

5. *Io vivo nella luce.* Tassoni e la censura della *Secchia*

Un documento[1] tratto dai fondi dell'Archivio di Stato di Modena, conosciuto anche dalle lettere di Alessandro Tassoni[2], si inserisce nella nota storia censoria del poema ed è il prologo di una vicenda che le *Lettere* del Tassoni ci hanno restituito in modo esaustivo.

Attraverso le *Lettere* si ricostruisce la storia censoria del poema ed anche la storia personale e intellettuale del Tassoni, i suoi punti di vista e i rapporti che ebbe con l'Inquisizione e la Congregazione dell'Indice, l'istituzione che si abbatté come un pesante macigno sulla vita culturale italiana per oltre due secoli, condizionandola pesantemente.

Questa storia ce la fa seguire lo stesso Tassoni progressivamente attraverso le sue parole; inviando una copia corretta del poema per il revisore del S. Ufficio egli scrive:

> ...se altro vi sarà da mutar fuori dalla revisione del S. Ufficio Vostra Signoria me l'aviserà e dè luoghi che non vorrà passare il sant'Ufficio mi rimetterò a Lei non credendo che possano essere molti. Ma Vostra Signoria ha da premere che la rivegga un galantuomo piuttosto che un frate.

I frati sono lo spettro sempre presente nelle sue lettere, anche se i giudizi su di loro furono comuni a tanti intellettuali e scrittori del tempo; e le sue paure non erano del tutto ingiustificate quando si preoccupava di dire al suo corrispondente che il censore ec-

---

[1] ASMo, *Inquisizione*, b. 253, *Lettere della S. Congregazione di Roma, 1621-1628.*
[208] Alessandro Tassoni, *Lettere I-II*, a cura di P. Puliatti, Bari, Laterza, 1978 *(Lettera* n. 639, t. II, pp. 124-125).

clesiastico «non butti via con l'acqua anche il bambino», con l'orgoglio della classe aristocratica cui si ascrive e con una serietà che contrasta con il genere comico cui l'opera l'aveva condannato. È noto anche dalla cronache l'atteggiamento umorale e sprezzante del Tassoni verso il clero, che si tradusse spesso in atteggiamenti criticabili e culminò negli anni della sua vecchiaia, con una dura bastonatura fatta infliggere a un frate del Convento di S. Margherita per controversie rivolte ad una sua opera. Molto ci aiuta a capire il suo atteggiamento una famosa lettera del 1602 scritta da Vallodolid e indirizzata, tramite il suo amico Annibale Sassi, al Vicario dell'Inquisizione di Modena, che data i tempi del processo a Lucia Grafagnina (sua concubina e madre del figlio naturale, Marzio).

Ai fini della conoscenza della storia censoria del poema, lo scambio epistolare ci offre l'opportunità di conoscere meglio l'atteggiamento del poeta verso l'Istituzione della Censura e sui metodi applicati dall'Inquisizione alla censura delle opere letterarie. È in complesso una bellissima lettera e il manifesto di un'artista indipendente e di un uomo libero, che rifiutava di sottomettersi a qualsiasi autorità, fiero della sua appartenenza a un mondo di uomini liberi, che vivevano nella luce della propria fierezza sociale ed etica. I toni sono molto veementi e, non a caso, il canonico Sassi la trattenne presso di sé, ma non esitò a renderla pubblica ai suoi concittadini, in un momento di forti tensioni politiche con il tribunale dell'Inquisizione, che insediatosi da pochi anni in città mostrava il volto duro della repressione nella lotta all'eresia, creando fermenti e rivolte a Modena. Conviene sottolineare alcuni punti salienti, in cui il Tassoni sferra un duro attacco al clero:

«Non credo manco lei sappia chi sono io, altrimenti avrebbe esitato a mettere in pericolo l'onore e la reputazione dei pari miei» (sottolinea il riguardo dovuto al suo ruolo sociale) ».

prosegue poi nel rimarcare l'orgoglio della sua Famiglia che fu grande a Modena:

> «Se vostra paternità va mirando cotesta sua Chiesa (quella di S. Domenico, sede del tribunale dell'Inquisizione) e cotesto suo convento vi troverà molte memorie dei miei che sono stati suoi benefattori (merita riguardo per la famiglia aristocratica e per il ceto)».

Inoltre, facendosi interprete di un dissenso e di una protesta che a Modena era comune a molti, usa un'immagine, che segna la sua grandezza di fronte alla piccineria degli Inquisitori ed è il manifesto degli intellettuali di fronte agli Inquisitori e il loro grido di libertà:

> «Io vivo e ho vivuto sempre nella luce del mondo e l'azzioni mie sono cognite e manifeste a tutti... vivendo voi in occulto non mi è lecito giudicare né sindacare l'azzioni vostre. Vi è quella differenza tra Voi e me ch'è tra uno che sia in una grotta et un altro che sia nel sole».

Sono parole che rendono la sua lettera un manifesto della letteratura di protesta contro i comportamenti inquisitoriali. Facendo riferimento agli anni in cui fu scritta, si inserisce nel clima di frizione fra il tribunale dell'Inquisizione e la città, e spiega anche perché si trova fra le carte dell'amico Panfilo Sassi e non in quelle dell'Archivio del tribunale. Sempre attraverso le *Lettere* del Tassoni possiamo seguire le vicende censorie della *Secchia*. L'opera conobbe sin dall'inizio molte traversie con le autorità ecclesiastiche, dapprima per le malevoli polemiche aizzate da Alessandro Brusantini (il famigerato *Conte di Culagna*) che denunziò al Papa Gregorio XV la *Secchia* come satira contro i bolognesi, suscitando le sue ire. Poi la Congregazione dell'Indice la esaminò ed emise un decreto, che il Tassoni riporta in un'altra sua lettera del 30 agosto 1622 indirizzata al Sassi e conservata nel Fondo Inquisizione dell'Archivio di Stato di Modena. L'edizione della *Secchia* in parola è quella edita a Parigi da Toussaint Dubry nel 1622, il decreto in questione (che ha la data del 6 agosto 1622) teneva conto della fama e della condizione sociale del Tassoni e non proibiva l'opera ma ingiungeva il ritiro degli esemplari in commercio con poche modifiche da apportare al testo, senza dare forma pubblica alla sospensione. Il Tassoni temporeggiò, sperando in un cambiamento al vertice del soglio papale e nelle divergenze sull'opera sorte già in seno ai Cardinali della Congregazione che ne rallentavano i tempi di applicazione, mentre l'opera cominciava a vendersi sempre meglio. Poi nel 1624 giunse un nuovo decreto della Congregazione dell'Indice (come scrive al Sassi il 15 giugno 1624):

> La Congregazione dell'Indice ha decretato si ristampi la Secchia e che la correzione si rimetta alla mia discrezione.

In concomitanza con la pubblicazione del decreto, si concretizzò l'evento di una riedizione che apparve con il titolo definitivo de *La Secchia rapita* e direttamente sotto il nome di Alessandro Tassoni e non più di Androvinci Melisone, col falso luogo di Ronciglione (e non Roma), editore ne fu Giambattista Brugiotti. Questa la storia ufficiale delle censure ecclesiastiche, ma le lettere del Tassoni ci restituiscono anche momenti di sincero rincrescimento del poeta verso le autorità ecclesiastiche. Quelle che erano richieste al Tassoni erano *espurgazioni,* ovvero la richiesta di depurare il suo linguaggio caustico da ogni tono irriverente o che potesse essere irriverente verso i religiosi. Il Tassoni, però, come ogni artista teneva alla propria libertà di espressione e protestava le proprie ragioni, opponendosi con vari argomenti difensivi, così com'erano violente le sferzate anticlericali che colpivano l'ipocrisia dei frati. Alcuni passi di grande forza espressiva ci fanno vedere una furia iconoclasta umorale del poeta, se ne può seguire la seguente cronologia:

5 gennaio 1616 (risposta al Barisoni)

circa l'accomodare quei luoghi che voi altri baciatavolozze chiamate empi e non hanno punto che fare colla empietà sappia V.S. Che s'io avessi voluto allentare la mano a così fatte fraterie, che la Secchia sarebbe già stampata e venduta pubblicamente un pezzo fa.

Poi nella lettera del 5 agosto 1616 continua:

Le regole del Concilio e gli ordini degli Inquisitori sono che non si lascino passare cose alla stampa che sieno nè dirette né indirettamente contro la fede cattolica ne contro i buoni costumi...ora io vorrei che mi dicessero cotesti teologi da uva secca che hanno veduta la Secchia che cosa ci trovino di repugnante alla fede e ai buoni costumi.

Ancora una variante dovuta ai richiami della Congregazione dell'Indice è la revisione del 1624 su richiesta di Urbano VIII, dove non vi furono sostanziali cambiamenti poiché le varianti si ridussero a modifiche stilistiche o del linguaggio:

lettera a Giambattista Milani 3 luglio 1624
(la Secchia) uscirà fuori adesso con qualche mutazione perciochè la Congregazione dell'Indice ha decretato che si ristampi ma che si dia all'autore che corregga 4 o 5 parole, tra le quali sono il cotale dell'acqua santa, il Tedeum e li fulmini da 3 quattrini notate dal Papa stesso.

E, proprio per l'intervento del papa, il Tassoni dichiarava tutto il suo orgoglio:

25 settembre 1624
Nostro Signore ha voluto leggere la Secchia e ora vorrebbe che si mutassero alcune parole come il piviale e il pastorale.

Aggiunge ancora in un'altra lettera del 26 ottobre 1624:

Nostro Signore ha voluto egli essere il correttore di alcune cose, come V.S. vedrà. È favore particulare dell'opera che sia stata riveduta e corretta da un Papa. Io non so se ci sia memoria d'altro libro da centinaia anni in qua.

Nella storia editoriale della *Secchia* si inserisce anche un altro documento inedito, l'inventario di libri, alla cui datazione contribuisce lo stesso Tassoni[3], della ricca Biblioteca del cardinale Alessandro d'Este, morto a Roma il 13 marzo 1624, dedicatario di un'opera del poeta *La difesa di Alessandro il Macedone*[4].

Il cardinale d'Este era stato persona non estranea alla vita del Tassoni, che a lungo aveva agognato, non senza delusione, di porsi al suo servizio e aveva concertato di riuscirvi per trarne poi amara delusione. Il suo rapporto con il potente Cardinale, anche se improntato alla formale deferenza, non fu alieno dalla delusione e dalla disistima politica che manifestò, soprattutto dopo la sua morte, nel suo epistolario[5].

Cenni biografici sul Cardinale Alessandro d'Este

Alessandro d'Este[6] nacque a Ferrara nel 1568 da Alfonso d'Este (marchese di Montecchio) e da Violante Segni, era stato affidato in gioventù agli insegnamenti di Antonio Quarenghi e Camillo Coccapani presso la corte di Alfonso II e inviato poi all'Università di Padova, dove aveva compiuto gli studi di giurisprudenza. Vestì l'abito ecclesiastico nel 1587 e diventò Cardinale nel 1599; poi gli fu assegnato il titolo di Protettore della corona spagnola e nel 1605 assunse la carica di Governatore di Tivoli. Sulle vicende relative alla nomina di Cardinale (che era stata prevista nella Convenzione Faentina e rimandata nel tempo), sulle

---

[3] ASMo, *Amministrazione della casa, Biblioteca*, b .2, fasc.1, *Inventario della Libraria dell'Ill.mo Cardinale d'Este*.

[4] Tassoni, *Lettere, I, lettera* n. 5, (1597), p. 6.

[5] Tassoni, *Lettere, II, lettera* n. 675, (7 giugno 1624), p. 157 – *lettera* n. 689 (14 settembre 1624), p. 169.

[6] Sulla figura del Cardinale Alessandro e sulle vicende della sua ricca Biblioteca, vedi il Cap. 6.

feste in Modena e sulle notizie di questi avvenimenti ne fu buon cronista lo Spaccini nelle sue *Cronache*. Alessandro d'Este ricevé il cardinalato da Clemente VII a sancire una ritrovata armonia fra la casa d'Este e il Papato. Con grande intelligenza politica assecondò la ventata controriformistica a Modena, chiamandovi i Teatini nel 1604, contribuendo anche a edificare la Chiesa di S. Vincenzo a Modena e proteggendo inoltre i Gesuiti col sostenere l'acquisizione della Chiesa di San Bartolomeo. A Roma fissò la sua residenza nella splendida Villa d'Este a Tivoli, di cui accrebbe le raccolte, svolgendovi un'accorta opera di mecenatismo e collezionismo artistico; infatti fu amico del Guercino ed estimatore di Lionello Spada, dello Scarsellino, di Alessandro Tiarini, di Sante Peranda (autore di un suo ritratto del 1609 commissionato da Alessandro I Pico per la Reggia di Mirandola, ora al Palazzo Ducale di Mantova).

Dei beni appartenuti al cardinale Alessandro dà testimonianza il cosiddetto *Libro dell'eredità,* ovvero l'atto testamentario, redatto nel 1624, concernente il passaggio di proprietà dei beni artistici del porporato alla nipote nubile Giulia d'Este, documento pubblicato dal Campori nel 1870[7]. Questo inventario, redatto per stimare il patrimonio lasciato dal cardinale Alessandro, ci restituisce l'immagine di una ricca quanto eterogenea collezione di dipinti che supera le 400 opere. Il patrimonio grafico e una parte di questi disegni, rilegati in libri, separati dal nucleo dei disegni incorniciati, finirono nel fondo librario lasciato in eredità al principe Luigi e, per volontà del testatore, dopo la morte di questi, da lasciare in eredità all'ordine dei Padri Teatini di Modena con la condizione di non allontanare il nucleo librario da Modena; un lascito av-

[7] *Libro dell'eredità dell'Ill.mo S.Card. D'Este per l'ecc.ma Principessa Giulia* in ASMo, Camera Ducale Est., *Amm.ne dei Principi*, b. 348 pubblicato *in* Giuseppe Campori, *Raccolta di cataloghi e inventari inediti, 1870* e trascritto da Cremonini (1998) nel Catalogo Mostra, « Sovrane passioni».

venuto poi nel 1657, come si rileva dalla testimonianza contenuta nella lettera di un frate conventuale di Bologna – Frate Bonaventura Bisi - scritta al cardinale Leopoldo dé Medici, dove parla della bellezza di un corpus di disegni del Cardinale Alessandro lasciati in eredità ma finiti per errore nel lascito dei PP. Teatini, dai quali il principe Alfonso li aveva richiesti e riottenuti.

Dopo la morte del cardinale Alessandro, furono Fabio Carandini Ferrari e Nicolò Molza, che lo avevano assistito nella stesura delle ultime volontà, a ricoprire il ruolo di esecutori testamentari, affrontando le intricate questioni riguardanti l'eredità. Poi il Carandini Ferrari ricevette la procura dal Duca Cesare di adire all'eredità e di stilare l'inventario degli oggetti che aveva prestato al fratello (fra cui anche libri e mss.) perché fosse condotta un'attenta verifica, stesura che si protrasse poi per diversi mesi.

Oltre l'interesse storico e archivistico che riveste la vicenda di questo documento, è illuminante anche per la storia editoriale della *Secchia* del Tassoni perché documenta ancor più i rapporti dell'autore con l'Inquisizione. Nelle carte dell'inventario vi figurano le opere del Tassoni[8], come si legge alla c. 55*r* - *Varietà di*

---

[8] L'inventario in parola consta di cc. 114 numerate, non è datato, ma dai riferimenti storici e biografici contenuti in altri documenti coevi conservati nell'Archivio di Stato, lo si può datare con certezza all'anno della morte del potente cardinale d'Este nel 1624. Infatti in altri documenti d'archivio *(Dè libri del S. Card.le lasciati a S.A. Principe Luigi, 1624)* viene citato in merito all'inclusione di molti libri proibiti. In effetti è l'esemplare paradigmatico di una ricca biblioteca ecclesiastica e sui rapporti con la Congregazione dell'Indice, che non si esimeva dall'ispezionare una biblioteca d'eccezione, appartenuta ad un alto prelato, ben inserito nella gerarchia ecclesiastica. Oltre ai rapporti con il Tassoni, l'inventario è strutturato con un discreto livello di analiticità nella descrizione bibliografica, ha certamente il pregio di illustrare una pregevole raccolta libraria di testi teologici, filosofici e letterari – segno di interessi culturali diversificati – ma non priva di testi perniciosi ed infetti, e come tale, deputata al controllo e all'espurgazione da parte degli Inquisitori nell'atto di successione post-mortem del Cardinale e nel passaggio all'illustre erede designato, il principe Luigi d'Este.

pensieri di Alessandro Tassoni in Mod.na in 4°, c.a pec.a, ancora alla c 64*v* figurano le *Considerazioni di A. Tassoni sopra il Petrarca Mod.a in 8°, cartone,* ed infine alla c. 67*v La Secchia Pohema eroicomico d'Andronici Melisoni, Parigi, in c.ta pec.a.* - nè manca alla c. 72*v – Parte dè quesiti d'Alessandro Tassone Ven.a in 8°, cart.e.*

In effetti, le opere del Tassoni vi sono ben rappresentate (probabilmente erano inviate dallo stesso autore) ma, come esplicita in una sua lettera del 18 gennaio 1623[9], è soprattutto la *Secchia* ad essere richiesta dal Cardinale, con il rammarico dell'Autore,

perché la Congregazione dell'Indice le ha sospese, non ne ho mai potuto avere alcuna se non ora che i frati medesimi me n'hanno date due tolte ad un libraro che le faceva venir di Francia...

aggiungendo altresì:

questa ch'io le mando qui congiunta avrà almeno di più che non sarà tanto scorretta, avend'io ammendati con la penna gli errori più importanti.

Ed ancora ribadisce l'invio personale dell'opera fatto al Cardinale in altra lettera[10] del 20 gennaio 1623:

li frati me l'hanno date due tolte ad un libraro e ne ho data una al Signor cardinal d'Este e l'altra a Pio.

La copia inviata al Cardinale si riferisce all'edizione di Parigi del 1621, il cui editore fu Toussaint Dubry, rinomato libraio operante a Parigi agli inizi del sec. XVII, che la pubblicò nel 1621 (con data 1622), copia cui l'autore non lesina personali correzioni, consapevole che «*ne vanno attorno per Lombardia delle stampate in Venetia sotto nome di Parigi ma scorrettissime*». E data l'autorevolezza del beneficiato, le correzioni autografe dell'autore erano ritenute doverose, per

---

[9] Tassoni, *Lettere, II, lettera* n. 648, p. 132, indirizzata al Card. Alessandro d'Este.
[10] Tassoni, *Lettere, II, lettera* n. 650, p. 137.

quella che ormai si consacrava «come opera che non morirà» e sublimava lo stesso autore all'eternità: *«io non mi glorio d'esser poeta, ma ho però caro d'esser stato inventore d'una nuova sorte di poema e avere occupato il luogo vacante*[11]*»*. Dello stesso inventario è proprio il Tassoni a fornirci ulteriori notizie e a permetterci di datarlo, rafforzando le informazioni desunte da altri documenti dell'Archivio di Stato[12], a proposito dello smantellamento post-mortem della sede del Cardinale d'Este a Roma[13].

> Qui vi è ordine di vendere i mobili del Signor Cardinale e sgombrare il Palazzo.

Notizie che rendono assolutamente congrua la data di compilazione dell'inventario al 1624. Lo stesso documento, al contempo, ci permette di ricostruire la trama che legava l'opera del Tassoni all'Inquisizione focalizzandone i rapporti ben noti, dominati da uno sdegno corrosivo dell'autore verso coloro che citava nelle lettere come i *frati, coteste fraterie,* con malcelata spezzatura aristocratica, e nello stesso tempo evidenziava quanto fosse reverenziale l'atteggiamento degli Inquisitori, che non esitavano a portagli le copie sequestrate della *Secchia* affinché se ne servisse per i suoi invii. E che il Tassoni affrontasse con piglio titanico l'Istituzione, con l'alterigia tipica della sua classe e il suo superiore valore, lo aveva già dimostrato nella famosa lettera[14], indirizzata proprio all'Inquisizione, per un sua vicenda personale dove proclamava fiero che *«vive nella luce del mondo e l'azzioni mie sono cognite e manifeste*

---

[11] *Ivi, lettera* n. 679, p. 160 (3 luglio 1624).
[12] *Dè libri del S. Card.le lasciati a S.A. Principe Luigi, 1624,* conservato nel Fondo *Amministrazione della Casa, Biblioteca.*
[13] Tassoni, *Lettere, II, lettera* n. 681, p. 161 (24 luglio 1624).
[14] Tassoni, *Lettere, I, lettera* n. 55, p. 34-43 *(da Vallodolid 9 febbraio 1602).* Ne hanno parlato sia il Sandonnini, e in tempi recenti A. Biondi, (*La Secchia rapita,* Atti del Convegno, Modena 22 settembre 1990, Modena, Panini, 1991).

a tutti», mentre gli Inquisitori vivevano al buio nascosti, per giudicare e colpire gli inermi.

In questa differenza «tra chi sta in una grotta e un altro che sia nel sole» è la cifra del suo atteggiamento di superiorità intellettuale, di cui gli Inquisitori hanno percezione fino a sentirsene intimoriti. Quei frati tanto disprezzati dal poeta e presenti nella sua storia intellettuale non riuscivano a soffocarne lo spirito corrosivo, ma non esitavano a fornirgli la stessa opera che avevano sequestrato. Opera, che, come affermava orgoglioso il Tassoni «fu riveduta e corretta da un papa. Io non so se ci sia memoria d'altro libro da centinaio d'anni in qua»[15].

---

[15] Tassoni, *Lettere, II*, lettera n. 695, p. 175.

6. L'inventario *post-mortem* della libreria del Cardinale Alessandro d'Este

Il documento di cui si è parlato per i rapporti con il Tassoni[1] - l'inventario[2] della Biblioteca del Cardinale Alessandro - stilato *post-mortem* e compreso nel lascito ereditario dell'alto Prelato, con l'intestazione *Inventario della Libreria dell'Ill.mo Sig: Cardinale d'Este*, ci offre anche un'altra illuminante conferma di come, all'esame e alle 'prudenti censure' dell'Inquisizione, non poterono sottrarsi neanche i Principi e gli stessi Cardinali. Incrociando i dati che emergono da altri documenti archivistici coevi conservati nei fondi dell'Archivio di Stato di Modena, si ricava una maggiore comprensione su questa vicenda e sulla censura postuma subita dal Maestro del Sacro Palazzo a Roma. Prima però è necessaria una riflessione sulla figura del Cardinale e sul ruolo di spicco che ebbe nella storia degli Este, per inquadrare meglio la questione. Il cardinale Alessandro d'Este (Ferrara 1568 – Roma 1624) si colloca nel *milieu* culturale del suo tempo come un raffinato e colto mecenate e un appassionato collezionista d'arte; fratello di Cesare d'Este, divenne Cardinale nel 1599 nei travagliati anni che seguirono la Devoluzione di Ferrara allo Stato Pontificio e il trasferi-

---

[1] Il documento inedito è stato ritrovato dalla Scrivente nel Fondo archivistico, ASMo, *Amm.ne della Casa, Biblioteca*, Filza 2, Fasc.1. Fu probabilmente estrapolato dalla filza di pertinenza *Libro dell'eredità dell'Ill.mo Sig.re Cardinale d'Este per l'ecc.ma Principessa Giulia* in ASMO, *Camera Ducale Estense, Amm.ne dei principi*, b. 348), poi collocato nei fondo archivistico attinente alla Biblioteca degli Este (ASMo, *Amm.ne della Casa, Biblioteca*).

[2] L'inventario in esame, è un manoscritto cartaceo, senza data, di cc.114 numerate, da datarsi al 1624, anno della morte del Cardinale ed anno dell'inventario di tutti i beni lasciati in eredità. È un fascicolo rilegato con coperta ottocentesca e un antico cartiglio applicato.

mento della Corte Estense a Modena. La sua nomina sullo sfondo di questi eventi si rivelò quasi provvidenziale per allacciare relazioni politiche e diplomatiche utili a risarcire le perdite territoriali subite dalla Casa d'Este. Una volta divenuto Cardinale fissò la sua dimora nella famosa Villa d'Este di Tivoli - aveva infatti ottenuto anche il titolo di Governatore di Tivoli già assunto dagli avi Cardinali, Ippolito II e Luigi d'Este - che comportò la rinascita architettonica del celebre sito e fece rinverdire il ricordo dell'illustre mecenatismo d'Este, di antica memoria.

Si trattava cioè di portare avanti nella Roma di inizio Seicento un vero e proprio recupero di memorie e linguaggi figurativi per lo più di cultura emiliana e padana, all'insegna di una forte identità culturale che era a ben vedere di famiglia[3].

A proposito del fervore collezionistico degli interessi culturali del Cardinale nel campo delle arti e della letteratura, è stato sottolineato che per incrementare le sue raccolte si era avvalso

dei mezzi più efficaci del collezionismo cardinalizio – dal dono utilizzato come canale privilegiato di transazione diplomatiche all'omaggio spontaneo di artisti in cambio di fama e protezione agli scambi di copie e ritratti fra raccoglitori, piuttosto che di commissioni dirette agli autori, onerose per le ristrette finanze dell'estense e, in fin dei conti, più consone alle valenze scopertamente pubbliche del mecenatismo ducale[4].

Di questi beni che avevano incrementato il patrimonio artistico estense fu data conoscenza, alla morte del Cardinale nel 1624, nell'Inventario redatto in quest'occasione secondo sue precise indicazioni testamentarie, per stimare il patrimonio lasciato alla ni-

[3] Gubbiotti (2010, 37-50).
[4] Cremonini (1998, 92).

pote Giulia d'Este, mentre la ricca biblioteca andava in eredità al nipote Luigi d'Este

Il patrimonio lasciato in eredità alla nipote Giulia ci restituisce l'immagine di una ricca quanto eterogenea collezione di dipinti che supera i quattrocento pezzi cui si sommano le opere grafiche[5].

Un elenco dettagliato di questi beni è contenuto nel cosiddetto *Libro dell'eredità del Cardinale Alessandro*[6], l'atto testamentario redatto nel 1624 concernente il passaggio di proprietà dei beni artistici del porporato alla nipote Giulia; gli esecutori testamentari che avevano assistito il cardinale nella stesura delle sue ultime volontà furono Fabio Carandini Ferrari e Niccolò Molza, che avevano affrontato anche le intricate questioni connesse al testamento. Le volontà del defunto Cardinale, riguardo la ricca biblioteca erano chiaramente espresse nel testamento rogato dal notaio di Roma, Adriano Galli[7].

Al Sig. Pr.pe Don Luigi d'Este figliuolo del Ser.mo Duca lasso mentre lui viverà la mia libraria et dopo la sua morte al P.pe Borso d'Este e dopo la morte di S.a. Princ.pe Borso, alli Padri Teatini di Modena con obbligo però di non spostare in altro loco ma restino a benefitio comune di quei padri che saranno in Modena pro tempore, et commando che se ne faccia subbito inventario per mano di Notari mentre si consegnarà al d. Principe Luigi.
1624, lì 11 maggio

Con la soppressione degli ordini religiosi, il prezioso lascito, confluito alla Congregazione dei P. Teatini di Modena, fu annesso al patrimonio librario della Biblioteca Estense nel 1782 per la lun-

---

[5] Cremonini (1998, 92).
[6] Il documento fu pubblicato da Campori nel 1870.
[7] ASMO, *Casa e Stato, Alessandro d'Este*, b. 354, 1599-1711 (Testamento e altri recapiti).

gimiranza di Girolamo Tiraboschi e, come ci informa Domenico Fava,

> dei 260 manoscritti che facevano parte della libreria di Alessandro d'Este, secondo l'inventario del 5 luglio 1624, soltanto 27 ne rimanevano nel 1782 quando la Libreria dei Teatini passò all'Estense[8].

Mentre alcuni importanti manoscritti erano già ritornati al Duca Cesare, perché di sua proprietà[9], ed erano stati incamerati nelle raccolte librarie estensi, altri, come il Fava comunica,

> nonostante il divieto testamentario erano passati nella Casa (dei Teatini) di Reggio e si trovarono nel gruppo dei 43 Manoscritti che di là passarono in Biblioteca subito dopo, insieme con 159 volumi a stampa[10].

Così anche la Biblioteca del Cardinale Alessandro, come tante biblioteche degli Este, diventò una Biblioteca virtuale, un luogo immaginario per sottrazione e addizione. Il suo inventario sembra immobilizzarla in un'istantanea perduta di 'biblioteca ideale' comune a tante biblioteche di Corte. Come ha ben colto Amedeo Quondam,

> delle centinaia di volumi descritti in tanti inventari che si susseguono negli anni resta ben poco, spesso disseminati in tanti luoghi diversi: alla cancellazione si è sovrapposta una diaspora, a monito del nostro indagare nella casuale parzialità di ciò che è sopravvissuto tra archivi e biblioteche, tra esili tracce di eventi irrecuperabili e di identità scomparse per sempre[11].

---

[8] Fava (1925, 194).
[9] ASMo, *Amm.ne della Casa, Biblioteca*, filza 1, carpetta B, fasc. 26 (*Separazione dei libri del Duca Cesare da quelli del cardinale Alessandro,* 22 luglio 1627).
[10] Fava (1925, 195).
[11] Quondam (1994, 33).

La biblioteca del cardinale Alessandro d'Este: tipologia di una biblioteca ecclesiastica

Un'osservazione preliminare da fare riguarda il codice comunicativo dell'inventario e il genere di scrittura usata per registrare i volumi: è senz'altro un inventario di tipo patrimoniale che descrive il libro come un qualsiasi bene mobile, ovvero nel suo aspetto esteriore e nella sua riconoscibilità fisica, giustificata dalla sua natura di quantificazione patrimoniale essendo stilato per fini ereditari. È proprio tale natura patrimoniale a convalidare la scelta di un paradigma descrittivo che delinea con accuratezza l'aspetto esteriore dei codici, l'esame della legatura e il materiale impiegato, accompagnato spesso dalla puntuale segnalazione dello stemma di famiglia o dell'impresa del Cardinale. Quindi è deputato a una ricognizione quantitativa dove sono minime le descrizioni bibliografiche, editore e anno di stampa, e gli stessi titoli sono elencati senza ordine alfabetico e senza divisione per materie. Di ogni libro sono dati: titolo e/o autore, tipo di coperta o materiale della rilegatura, talora anno di stampa; la partizione è data dalla materia: religione, storia, retorica, letteratura, libri volgari, libri spagnoli, francesi, in assenza di altri elementi tipografici. Il mondo che rimanda questo inventario è di un colto e raffinato amante dell'arte e della letteratura, legato a rapporti di consuetudine con artisti e letterati, che amava le fughe e gli svaghi intellettuali di Villa d'Este a Tivoli, dove era circondato da una colta *élite* di intellettuali e scrittori (Tassoni, Fulvio Testi, Antonio Querenghi). La stessa fisionomia della sua biblioteca ci riporta alla dicotomia delle biblioteche di Corte di *Ancient règime*, caratterizzate dalle connotazioni fra biblioteche familiari di Cardinali e biblioteche di Duchi: i primi prediligevano la letteratura antica, mentre gli altri componevano le loro raccolte al servizio del loro progetto egemonico.

I primi furono appassionati di testi greci e latini, mantennero contatti con i cultori della classicità e arricchirono il loro patrimonio con codici e volumi a stampa di autori antichi, i secondi intesero la funzione del libro in senso più pragmatico[12].

Anche la biblioteca del cardinale Alessandro rifletteva la sua preparazione culturale e gli strumenti scelti a supporto della sua formazione. L'ossatura portante era costituita da libri di teologia che includevano lo studio della Bibbia, la Patristica, il vasto campo della morale, con un folto numero di autori iberici, testi in latino, in un insieme assemblato di opere per un uso differenziato: libri religiosi (relativi alle scritture o devozionali) e libri per un uso quotidiano di lettura. L'insieme dei testi (quasi 3000) dichiara una differenza di ordine linguistico nella stessa sequenza dell'inventario, che registra prima i libri in latino, poi quelli in volgare quindi quelli in spagnolo e in francese, tassonomia che rimanda forse all'ordine fisico con cui i libri erano collocati nelle scansie degli armadi, restituendo così anche la topografia della raccolta libraria.

L'inventario consta di 114 carte numerate e la distribuzione dei testi nelle carte è articolata in: *libri latini,* cc. 1-52 (circa 1500 testi, 50%); *libri in volgare,* cc. 52-82 (circa 840 testi, 28%); *libri spagnoli,* cc.82-91 (circa 235 testi, 8%); *libri franzesi,* cc. 91-113 (circa 420 testi, 14%). In tutti è assente l'anno di edizione, il tipografo, il numero di pagine, più spesso si trova il formato (con la specificazione di eventuali incisioni o miniature) però sono sempre presenti dettagli sulle legature e sulle loro preziosità, annotano se recano lo stemma del Cardinale, per segnalare la loro appartenenza ai beni di famiglia[13]. In virtù del ruolo sociale del Cardinale, nella

---

[12] Dallasta (2010, 74).

[13] Ad esempio alla c.45*r* si legge: *Breviarius romanus,* Anversa... ex officina Plantiniana folio grande cor.me rosso et oro fibbie d'ottone indorato et suoi signaroli rossi con peretti d'oro; ancora, *Brivarius romanus,* Venetiis in 4° cor.me rosso oro et arme di S.A. Ill.ma fibbie d'argento et segnaroli rossi...*De vita Hye-*

sua biblioteca sono preponderanti le opere di letteratura spirituale, i libri di preghiera o di agiografia, ma è la letteratura classica latina a prevalere in un articolato assemblaggio, tale da renderla di consultazione e lettura. Di certo vi si specchia la cultura di un alto Prelato, che la conforma come una biblioteca umanistica arricchita da una nutrita schiera di autori contemporanei, protagonisti del cenacolo culturale di Villa d'Este e della scena cortigiana del tempo. Infatti, i testi di alcuni autori (Tassoni, Querenghi, Fulvio Testi) ci portano alla scena raffinata della sua *élite*, ad esempio le opere del Tassoni[14] vi figurano in massiccio drappello, come pure i componimenti poetici di Antonio Querenghi, letterato padovano suo segretario dal 1609 al 1621. Fra le colte presenze che animarono il circolo Tiburtino del Cardinale figurarono anche personalità di spicco del mondo letterario e musicale come Orazio Vecchi, Girolamo Frescobaldi. Nel suo insieme, la biblioteca che il Cardinale Alessandro aveva strutturato era connotata da un codice umanistico che privilegiava pratiche di lettura *culte* per i diletti umanistici e teologici, per la pratica devozionale, ma proprio in quanto biblioteca di un colto intellettuale aperto ai fermenti del tempo era anche infiltrata da presenze *altere*, come i libri proibiti, che al Cardinale era concesso leggere in virtù della *licenza di lettura,* concessa, secondo una diffusa consuetudine del tempo, soprattutto a personaggi nobili o di elevata cultura, che gli permetteva anche di occultare quegli stessi testi nella sua libreria.

---

ronymi…Mediolani in 8° cor.me rosso oro lacci rossi e arme d'Este; alla *c. 39 r*: *Ulixises Aldovrandi Ornitologia* Bonomia fol. c.ta pec.ra oro et arma di S.A. Card.le
[14] Alla *c. 67r* figura la prima edizione della *Secchia* del Tassoni, nell'edizione francese del 1622 del Toussaint Dubry richiesta dallo stesso Cardinale.

Libri proibiti nell'inventario della biblioteca del Cardinale Alessandro e la censura del Maestro del Sacro Palazzo

L'attività degli Inquisitori e il loro ruolo di difensori della purezza della fede cattolica e dei suoi precetti ne faceva dei segugi che in situazioni particolari potevano esercitare il loro potere con una relativa indulgenza, con i margini di discrezionalità che la normativa poteva concedere loro. Rispetto alle letture sorvegliate, ai lettori, soprattutto se professionisti e intellettuali, o a persone di alto lignaggio e ben inseriti nella cerchia sociale ed ecclesiastica, la licenza di poter leggere libri proibiti era utile per porli al riparo da fastidiose conseguenze di eventuali perquisizioni o da delazioni, se poi la richiesta arrivava dall'alto non era precluso quasi nulla. Non erano però aliene dal controllo, come alcuni documenti archivistici documentano, con perquisizioni effettuate in biblioteche dei privati (professionisti o eredi) e la compilazione di inventari *post-mortem* da sottoporre al vaglio degli inquisitori. Tale materia fu ben specificata nel 1579 a Milano dal vescovo Carlo Borromeo, che ne precisava la materia

con una particolare attenzione ad una fattispecie già disciplinata dalla regola X dell'Indice Tridentino, vale a dire il controllo delle biblioteche private al momento della morte del proprietario, con il passaggio agli eredi o (in alternativa) l'immissione sul mercato. In presenza di libri doveva essere preparato il loro inventario per farlo verificare dalle autorità vescovili o inquisitoriali, in modo da impedire qualsiasi circolazione di opere proibite eventualmente concesse al defunto[15].

Talvolta si è sottovalutato quest'aspetto della censura, ovvero il controllo del patrimonio librario al momento della successione, già imposto dalle regole tridentine e largamente attuato anche nel

---

[15] Savelli (2008, 461).

periodo successivo alla pubblicazione dell'Indice Clementino nel 1596.

Nel 1624 tale controllo era ancora attivo anche nella stessa gerarchia ecclesiastica. Lo dimostra infatti l'inventario della biblioteca del Cardinale forse con aspetti meno vincolanti, proprio in quella città, Roma, in cui aveva preso corpo questo progetto totalizzante di sorveglianza; poi, data l'autorevolezza del defunto Cardinale, era stato lo stesso Maestro del Sacro Palazzo[16] (competente per la città) a darne attuazione.

La vicenda e i momenti di questa censura ci sono ampiamente documentati da alcuni documenti nell'Archivio di Stato di Modena e, integrandone la lettura, si ha una visione storica accertata sulle dinamiche e sulla cronologia degli avvenimenti.

Il primo documento è datato 25 settembre 1624 ed è una lettera scritta al «Ser. Duca di Modena (Cesare d'Este) da Fabio Carandini Ferrari», residente del Duca a Roma ed esecutore testamentario delle volontà del defunto Card. Alessandro[17], che espone dettagliatamente la questione dei libri proibiti rinvenuti nella libreria del Cardinale e le difficoltà frapposte al loro spostamento a Modena.

> Avendo il P.re M.ro del Sac.o Palazzo veduto l'inventario de libri del Sig. Card. D'Este di b(eata) m(emoria), n'ha cavato una nota di cento cinquanta, et più quali dice esser tutti proibiti, fra quali ha poi notato quelli che seranno descritti in piedi di questa, de quali dice non darsi licenza ad alc.no; et che fra gl'altri, quando in una libraria sono più quantità del med.o libro proibito, non se ne lascia se non uno solo, et per tanto pone fra questi annotati li *Machiavelli* supponendo che nella libraria di V.A. Ser.ma ce ne debbino essere. Gli altri tutti se bene proibiti concederà che si possino mandare a V.A., la quale di già

---

[16] Nel 1624 l'Ufficio di Maestro del Sacro Palazzo era esercitato dal nobile fiorentino Nicola Ridolfi.

[17] La lettera è conservata in ASMO, *Carteggio Ambasciatori, Roma*, b. 213 (Fabio Carandini Ferrari).

tiene la licenza. Il sud. P.re mi dice che sa, che il Sig. Card.le aveva un libro intitolato *Croniche e historie del Concilio di Trento* composto in Inghilterra per opera dell'Arcivesc.vo di Spalato[18] che due settimane sono è morto in questo Castello di S.Angelo, ma che non l'ha visto nell'Inventario, le ho detto non l'haver fatto io, ma esser venute le casse inchiodate in casa mia, et haver avuto l'Inventario che l'ho dato fatto copiare dal copista di V.A. come è vero. Quanto poi alla detrazione dè libri annotati l'ho detto, che ne darò parte all'A.V.Ser.ma, sì come faccio, che sarà il fine di questa con farli humiliss.a riverenza.

Da Roma lì 25 di sett.re 1624

Quattro Historie del Machiavelli
Due discorsi
Uno dell'Arte della guerra
L'opere dell'Aretino
L'opere di Cornelio Agrippa
L'opere di Bodino
L'Alcorano di Maometto
Ars absolvenda sofismata
L'Historia di Juano
Decamerone del '38
Sporta Comedia[19]

Altro documento significativo, è un fascicoletto intitolato *Dè libri del Sig. Card.le lasciati al Principe Luigi*[20], una memoria redatta da un Segretario ducale per il Principe Luigi d'Este, sintesi dei dati

[18] L'Arcivescovo di Spalato in questione è Marcantonio De Dominis (1560/6 – 1624) condannato con Decreto della Congregazione dell'Indice nel 1616 (cfr. Rotondò, *Nuovi documenti per la storia dell'indice dei libri proibiti*, pp. 199-201) per i suoi libri, pieni «d'heresie et empietà, e per il grave scandalo per non essere di qualsivoglia persona privata ma di uno collocato nisi grata dignità ecclesiastica, come di Arcivescovo» (lettera del Card. Sfondrati all'Inquisitore di Modena, 1616, in ASMO, *Carteggio Principi esteri*, b. 1432).

[19] Tali libri proibiti nell'Inventario del Cardinale sono rispettivamente: alla c. 40v *Aphorismi Confessionorum Emmanuele Sà Lusitano*; c. 69v *Sporta Commedia*; c.68v *Alcorano di Maometto* e *Demonomania di Bodino*, cc. 68-70- c.8 le opere del *Machiavelli*; cc. 64 – 80 copie del *Decamerone* del Boccaccio, c. 33 *Agrippa*.

[20] Si trova in ASMO, *Amm.ne della Casa, Biblioteca*, Busta 1, carpetta B, fasc. 9.

salienti del passaggio dei libri da Roma a Modena per dare esecuzione alle volontà testamentarie del Cardinale. Stilata come una sintesi degli avvenimenti tratta dalle lettere intercorse fra il Residente a Roma, Fabio Carandini Ferrari e la Corte di Modena, databili dal 1624 al 1625, fanno riferimento anche ai libri proibiti posseduti dal Cardinale e ritrovati nella sua biblioteca. Come informa una lettera inviata dal residente Carandini Ferrari, e seguita dalla risposta del Duca Cesare il 2 ottobre 1624,

S.A. fece rispondere al residente che se il P.re M.ro del Sacro Palazzo non volea dar licentia che venissero tutti i libri del Sig. Card.le e che gli annotati restassero a Roma, l'A.S. se ne acquietava non potendosi di meno; si raccordava che ella non tenea li *Machiavelli* nella sua Libraria, e però questi s'havriano potuto tenere, poiché mancava il supposto, cioè che *non si concede quando nella Libraria ve ne sia più di uno*, il che non era fra i libri di S.A. Duca.

Le lettere successive datate al 1625 riportano le agitate disposizioni fra gli esecutori per disporre la biblioteca in luogo adatto prima di inviarla a Modena, e l'ultima collocazione sembra essere proprio la casa del residente dove, come egli stesso racconta, furono riposte in casse «che mai più erano state mosse d'una su l'altra, le quali in altezza giungiano sino alle volte della stanza, e quando occorresse muoverle per necessità, si vorriano facchini, e quasi gli argani[21]». Cosa che aveva tanto sgomentato gli Inquisitori, da indurli a desistere dall'impresa, dal momento che «quel compagno dell'Inquisitore che si chiamava il P.re Martinelli era stato fatto Vescovo e non si era più visto nessuno».

Un'altra fonte archivistica documenta il ruolo attivo del Cardinale Alessandro d'Este nel fluido e magmatico mondo del mercato librario del libro proibito a Modena nei primi decenni del '600:

---

[21] ASMO, *Carteggio Ambasciatori, Roma*, b. 213, Fabio Carandini Ferrari (lettera del 17 settembre 1625).

si tratta di un processo conservato nel Fondo del tribunale dell'Inquisizione[22] contro 16 imputati accusati di possedere libri proibiti. Le carte di maggior interesse ai fini della nostra indagine sono quelle pertinenti alle testimonianze dei fratelli Sebastiano e Paolo Guidani (*Sebastianum et Paulum de Guidani fratres*), librai modenesi, correi con altro imputato, tale Bernardino Barbieri, che illuminano sugli aspetti del traffico clandestino di libri sospetti e proibiti a Modena al tempo[23]. Padre Inquisitore, controparte del processo, fu Giovanni Reghezzi da Tabia; il mondo che fa da sfondo al processo era Piazza Grande, luogo eletto per lo smercio clandestino dei libri proibiti, sede privilegiata delle librerie e tipografie modenesi attive al tempo; qui si erano abilitati al mestiere Sebastiano Guidani e Bernardino Barbieri, mentre viene specificato nelle carte che Paolo Guidani era copista del cardinale Alessandro d'Este e per lui aveva rilegato libri. Nel contempo, aveva anche venduto e comprato libri ed era stato mediatore in compravendite per l'alto Prelato e altri nobili della città; così si dichiara sulla natura delle sue commissioni e sul suo ruolo, in una testimonianza del procedimento inquisitoriale di cui è attore:

io n'ho fatto havere al Cardinale da Este d'ogni sorte di libri proibiti, perché mi diceva che aveva egli licenza di comprarne e tenerne.

Nel corso di un altro interrogatorio il Guidani riaffermò il ruolo e il compito affidatogli, ribadendo che, quando il Cardinale d'Este gli aveva ordinato di comprargli dei libri, aveva pensato da parte sua «d'haver autorità di comprarne et venderne anco delli altri», aggiungendo che il Cardinale lo aveva mandato, con Giovanni Manel, suo servitore francese, dall'ex–Inquisitore (Tommaso No-

---

[22] Il processo è conservato in ASMO, *Inquisizione,* b. 56, fasc. 2 (Per possesso di libri proibiti contro i fratelli Guidani, ed altri, 1620-21).
[23] Il processo è stato studiato da Capucci (1989).

vato, 1618-1620) per ottenere la «licenza di comprare e vendere libri di ogni sorte», licenza che però non aveva ottenuto.

Ancora in un altro punto dell'interrogatorio lo stesso Guidani aveva ribadito:

> avendomi il Cardinale assolutamente dattomi la facoltà ch'aveva lui pretesi che fossero generale e perciò io compravo tutti i libri proibiti che mi venivano per le mani pur che fossero curiosi, et gli portavo al Signor Cardinale perché li vedesse se gli piacevano, et quelli che non pigliava lui procuravo di vendergli ad altri per cavarne i miei denari.

Data la pericolosa vischiosità del processo, il Cardinale Alessandro, cui il padre Inquisitore Reghezzi aveva chiesto lumi, aveva subito preso le distanze da queste dichiarazioni, come chiarisce nella lettera autografa (conservata negli atti del processo):

> Molto Rev. Padre
> Conosco nella lettera di V.R. l'amorevolezza sua solita verso di me, e ne la ringrazio con tutto l'animo. In quanto al negozio poi il Mascardi mio secretario d'ordine mio le scriverà quel che occorre onde rimettendomi a lui a V.R. m'offero prontissimo in ogni sua occorrenza e Dio la guardi.
> Di Roma, lì 27 luglio 1620

Alle sue parole fa sollecitamente riscontro la lettera del suo segretario Mascardi da Roma il 29 luglio 1620:

> Il Cardinale mio Signore mi comanda, ch'io scriva a V.P. che Sua S.Ill.ma non diede mai licentia all'amico di far mercanzia, o tenere i libri proibiti; ma solo gli disse che quando gliene fosse capitato alle mani qualch'uno, che fosse stato bello, o proibito o no, lo portasse in Castello, che l'haverebbe comprato, poiché in virtù di una concessione di N.Signore aveva facoltà di leggergli. Se sotto il manto del Patrone questo disgraziato è trascorso dove non conveniva, non merita protetione anzi Sua Signoria illustrissima li dichiara che per altri rispetti ancora è degno di castigo.

Alla conclusione del processo Paolo Guidani fu condannato a tre frustate, al bando dalla città per tre anni (pena commutata poi negli arresti domiciliari per due anni) e, riguardo alla questione della licenza del Card. d'Este, la sentenza lo giudicò reo di essersi avvalso dell'autorità di un simile personaggio «per schiffare la pena».

Una tendenza che sembra generalizzata e trasversale ai gruppi sociali, che investiva uomini di varia cultura ed era solo la parte emergente di un sottobosco che si rivelava appieno, quando venivano condannati persone come Guidani e gli altri, e coinvolgeva personaggi del calibro del cardinale d'Este, su cui gli Inquisitori non sembrano infierire per rispetto alla sua condizione sociale, non esimendosi però dall'esaminare la sua Biblioteca per cercare proprio quei libri, che il Porporato aveva raccolto con la loro tacita acquiescenza.

Così, da Ferrara a Modena, questi inventari di biblioteche 'eccellenti' scomparse descrivono una geografia complessa della censura ecclesiastica nello Stato estense.

Bibliografia

Capucci, M.C. (1998) *Libri proibiti, librai e lettori nella Modena del primo '600,* Tesi di laurea, Univ. di Bologna, a/a 1988/89.

Cremonini, C. (1998) *Le raccolte d'arte del Cardinale Alessandro d'Este. Vicende collezionistiche tra Modena e Roma,* in *Sovrane passioni. Studi sul collezionismo estense,* a cura di J. Bentini, Milano, Motta.

Dallasta, F. (2010) *Eredità di carta: biblioteche private e circolazione libraria nella Parma farnesiana (1545-1731),* Milano, Angeli.

Fava, D. (1925) *La Biblioteca Estense nel suo sviluppo storioco,* Modena, Vincenzi.

Gubbiotti, C. (2010) *Introduzione agli Inventari dei quadri e di disegni di Alessandro d'Este,* pp. 37-50 in "Studi di Memofonte", rivista on line, n. 5 (2010).

Quondam, A. (1994), *Le Biblioteche della Corte Estense,* in *Il libro a Corte,* a cura di A. Quondam, Roma, Bulzoni.

Savelli, R. (2008) *Biblioteche professionali e censura ecclesiastica (XVI-XVII sec.)* in MEFRIM, 120/2, pp. 453-472.

7. L'Istituzione al tramonto: l'inventario dei libri proibiti nell'Archivio del tribunale dell'Inquisizione di Modena

Un altro documento riveste una notevole importanza ai fini dell'attività di censura libraria a Modena ed è a tutt'oggi inedito[1]. È l'*Inventario dei libri proibiti* giacenti nell'Archivio del tribunale dell'Inquisizione di Modena, datato al 1739, come sottoscrive il suo autore, il cancelliere del tribunale dell'Inquisizione del tempo, Domenico Cremonini, che così lo vidima: *Inventario delli libri che si trovano nell'Archivio del S.Offizio di Modena fatto da me Domenico Cremonini canc. Sostituto del d(etto) Santo tribunale in occ.e d'essermi ridotto nel Stato che ora si trova il sd.to Archivio mediante le continuate premure d'indefessa vigilanza del Rev.mo P.de M.ro F(rate) Giacinto Maria Longhi da Milano dè Predicatori degnissimo Inquisitore della città di Mod.a Carpi, diocesi di Nonantola, provincia della Garfagnana e loro annessi.*

L'inventario si colloca al tramonto dell'attività inquisitoriale e censoria modenese, chiude una lunga stagione in cui la censura si era rivelata determinante nell'azione di controllo sui luoghi della vita culturale della città, in tutte le fasi del suo sviluppo nel territorio degli Stati Estensi, fino al declino della stessa Istituzione. L'intestazione ne reca già la genesi: l'occasione fu un riordinamento dell'Archivio dei libri proibiti custoditi nell'Archivio del tribunale, frutto di una 'buona pratica' messa in opera dal Padre Inquisitore Giacinto Maria Longhi, Inquisitore generale a Modena dal 1737 al 1739, probabilmente all'atto delle consegne al suo successore nella sede, Padre Girolamo Medolago da Bergamo. Lo

---

[1] Il documento è inedito; è stato ritrovato dalla Scrivente nel fondo ASMO, *Inquisizione*, b. 298.

stesso Inquisitore Giacinto M. Longhi aveva ispirato, come attuazione delle sue 'buone pratiche', la redazione di un altro documento importante ai fini della conoscenza della struttura del tribunale dell'Inquisizione nella prima metà del '700, quando ormai era al tramonto: il *Registro dei patentati del S. Officio di Modena fatto di nuovo dal Rev.mo P.ra M.ro F.Giacinto Maria Longhi, anno 1739, per essere il vecchio assai confuso*[2]. Entrambi i registri annotano con analitica precisione lo stato del tribunale dell'Inquisizione di Modena nella sua consistenza di uomini e di libri censurati, nel momento in cui l'Istituzione cominciava storicamente a declinare; sono lo specchio nitido di una struttura al tramonto che nel momento presente si volge indietro per vedere la propria storia ormai appannata, secondo le consuetudini antiche della norma che registrava il passaggio di consegne di uomini e cose.

L'inventario dei libri conservati nell'Archivio del tribunale dell'inquisizione fu l'ultimo e il più preciso indizio di una realtà che si spegneva e dopo pochi decenni sarebbe stata cancellata; un Inventario di una Biblioteca scomparsa che conteneva i *corpora delicti* della vasta tipologia delittiva che era rubricata sotto la denominazione di *possesso di Libri proibiti* e dell'esercizio posto per sradicarli. Una biblioteca ben occultata nel Convento di S. Domenico, sede del tribunale dell'Inquisizione, che come altre biblioteche dell'Inquisizione avevano sede nel convento dove risiedeva l'Inquisitore, lì dove erano collocati anche i libri e le scritture magiche sequestrate agli imputati.

Una letteratura che doveva essere distrutta, ma non sempre lo era, ma si trattava di una letteratura che veniva confinata nell'Archivio dunque degradata e depotenziata rispetto a quella della Biblioteca[3].

---

[2] ASMO, *Inquisizione*, b. 303.
[3] Prosperi (1998, 10).

Nella prima metà del '700 la struttura burocratica del tribunale dell'Inquisizione si mostrava collaudata e funzionante,

solidamente impiantata nel territorio tramite la rete dei Vicari, essa esercita un potere ben definito nelle sue attribuzioni e riconosciuto dalle autorità politiche ed ecclesiastiche locali. All'istituzione d'assalto dei primi secoli si è sostituito un corpo di funzionari il cui compito prevalente è quello di tenere sotto controllo, attraverso la schedatura dei sospetti, la non molto irrequieta comunità dei cristiani[4].

Invece nella seconda metà del secolo la politica giurisdizionalista intrapresa dal Duca e dai suoi ministri mise in crisi questo complesso apparato, e furono proprio le prerogative sull'esercizio della censura il terreno di scontro fra i due poteri confliggenti – quello statale e quello ecclesiastico – che videro di fatto capitolare il potere degli inquisitori, assegnato ai Vescovi, con la significativa sottomissione alle leggi civili della circolazione dei libri e della stampa.

Era stato proprio il conflitto sulle competenze in fatto di censura, che per il sovrano rappresentava uno dei terreni in cui affermare la propria autorità e per gli uomini di cultura la possibilità di conquistare una propria autonomia di ricerca, a destabilizzare l'istituzione, rimettendo in gioco alleanze e consensi, e a spingerla molto prima della sua soppressione, verso un rapido declino[5].

Nel 1757 con la nascita del Magistrato sopra la Giurisdizione si ravvede il primo organico intervento nel campo della censura intesa appunto come salvaguardia dei diritti sovrani; da quel momento

la censura statale estense si affianca decisamente a quella ecclesiastica non semplicemente per portarle il proprio aiuto ma come istituzione completamen-

[4] Righi (1986, 54).
[5] Righi (1986, 53).

te autonoma, fondata su una nuova concezione dello Stato sovrano e pronta ad entrare, su questo stesso terreno, in conflitto con essa e a contrastarle il passo[6].

L'Archivio dei libri proibiti dell'Inquisizione nel Convento di S. Domenico

Le stanze dei libri

Esiste un rapporto preciso fra la stanza dei libri e le altre stanze dell'edificio inquisitoriale nella sede del tribunale dell'Inquisizione, con il suo intatto e prezioso Archivio, conservatisi per fortuiti accadimenti storici e tramandatoci nella sua quasi integrità. Alcune mappe dell'edificio[7] con le ricostruzioni architettoniche subite nel tempo reintegrano questo rapporto, evidenziando i locali adibiti a Cancelleria, luogo in cui era probabilmente collocato l'Archivio del tribunale e le altre stanze dell'edificio (servizio, cucina, sala dei *tormenti*, carceri, stanza dell'Inquisitore). Tale nitida fotografia ci restituisce pure l'Inventario dei libri dell'Archivio del tribunale con le due stanze, deputate alla conservazione dei testi sequestrati agli imputati o ai librai e condannati dalle disposizioni della Congregazione dell'Indice o in attesa dell'*imprimatur*.

È noto che all'interno di conventi e Monasteri i volumi proibiti venivano sottratti alla consultazione e chiusi in luoghi denominati 'inferno' e che i libri sequestrati da inquisitori e ordinari diocesani non dati alle fiamme erano depositati in spazi inaccessibili nei conventi che ospitavano l'inquisitore[8].

---

[6] Montecchi (1988, 77).

[7] ASMo, *A.S.E., Camera*, Rogiti camerali, b.48, f.13 (altre piante della Fabbrica del tribunale relative al sec. XVII si trovano in ASMo, *Inquisizione*, b. 303).

[8] Fragnito (1997, 230).

L'*inferno* del Convento di san Domenico, nonché archivio dei libri censurati, è ricostruito nei suoi spazi topografici nel documento che riporta l'inventario dei libri dell'archivio: un fascicoletto cartaceo costituito da cc. 25 numerate, recanti la descrizione bibliografica e l'ubicazione dei libri nelle scansie. I libri sono elencati in modo abbastanza preciso. Infatti, di ognuno è riportato il titolo, spesso l'autore e i dati editoriali (luogo e anno di edizione) oppure, talvolta con descrizione meno puntuale, il solo autore. In generale, considerando che questi elenchi erano compilati ai fini quantitativi del posseduto e non secondo criteri di analiticità bibliografica, è confezionato per una visione d'insieme superiore alla genericità di una mera elencazione di testi. Una certa strutturazione è data dal raggruppamento dei libri per lingua e dalla divisione fisica dei testi posti in due luoghi dell'Archivio:

un armadio situato tra due finestre dell'Archivio del S. Officio (nei ripiani centrali e laterali);

un locale nella'scanzia laterale' dell'Archivio nella quale vi è una *ramata* (inferriata).

Da un calcolo approssimativo del contenuto dei ripiani situati nei due locali di collocamento del materiale, si può quantificare che ammontassero a un migliaio di volumi (ma di alcuni testi vi erano anche duplicati o esemplari in più copie); nell'armadio potevano trovare posto circa 200 volumi, mentre nella 'scanzia laterale dell'Archivio' (una stanza munita di barre alle finestre) erano collocati circa 800 volumi, con i multipli di alcuni esemplari. Altra suddivisione operata per i testi, era nel raggruppamento per lingua: nel primo sito di stoccaggio (l'armadio) era collocati i libri latini, tedeschi, gotici e francesi (circa 200 titoli); nel secondo luogo (la *scanzia* laterale, scaffalato a parete) erano collocati i libri in volgare più numerosi (circa 800 titoli).

Da un esame sommario dei titoli abbiamo un'idea chiara, non di tutto quello che il tribunale dell'Inquisizione a Modena aveva censurato - considerando che l'attività di censura fu parallela a quella processuale ed esplicata massicciamente dopo la promulgazione dell'Indice Clementino - ma soprattutto la testimonianza di quanto era sopravvissuto, stipato nell'Archivio, nel momento in cui un solerte Inquisitore ne aveva ordinato la ricognizione, come un *flash* istantaneo che consegnava ai posteri il risultato di quanto rastrellato dalla censura ecclesiastica a Modena anche nel secolo precedente. La suddivisione delle opere in lingua era analoga alla composizione del Collegio dei revisori delle opere a stampa, specializzati per materia, che nel 1739 operava nel tribunale dell'Inquisizione[9]:

n. 1 di teologia,
n. 1 di filosofia,
n. 1 di legge
n. 1 di medicina
n. 1 di lettere umane
n. 1 delle opere morali
n. 1 di matematica e astrologia
n. 1 delle stampe et libri francesi
n. 1 delle opere ebraiche.

Erano questi gli uomini impegnati sul territorio in quel momento, alcuni di spicco nella vita culturale della città, altri anonimi confusi nella moltitudine di revisori e minutanti dell'ufficio. Alcuni nomi li ritroviamo citati nel suddetto *Registro dei Patentati*, che anche per il passato si erano impegnati nell'attività censoria, alternandosi fra rigore e opportunità, nel progetto utopico della Congregazione dell'Indice di controllare il mercato librario e, a monte, delle idee.

---

[9] Come si rileva dal citato *Registro dè patentati del S.Officio di Modena* del P. Giacinto Longhi del 1739, ASMo, *Inquisizione,* b. 303.

La stampa – l'Indice ne è la prova – era un elemento decisivo della guerra spirituale: controllarla significava assicurarsi uno dei possibili valichi che portavano alla coscienza e un massiccio sforzo in questa direzione fu consapevolmente compiuto dalle autorità cattoliche[10].

Quest'attività sul campo a Modena si estrinsecò maggiormente rispetto ad altri luoghi, proprio perché sede, già dalla seconda metà del '500, di un vivace movimento di dissenso religioso. Come attestano le carte processuali, tutta la città era colma di libri sospetti che affioravano da ogni parte tale da farne «la città di tutte l'heresie»

Alla massa dei testi che trattavano di fede, si aggiungevano poi i saggi della tradizione umanistica e rinascimentale in molti casi venati d'anticlericalismo e accenti polemici in linea con il sentimento antiromano di eterodossi e dissidenti[11].

Nell'elenco dei libri proibiti custoditi nell'Archivio trovavano posto ancora tre testi di Lutero (di edizioni cinquecentesche) e un'opera di Calvino, memoria nel 1739 di un lontano dissenso che aveva agitato la città e aveva incriminato i lettori e chi possedeva quei testi agli occhi dei giudici. Invece ai fasti della vita culturale secentesca riportano gli scritti di due autori che avevano animato il clima modenese di quegli anni: il testo incriminato di Fulvio Testi[12] e l'opera del Tassoni, spie di fermenti antispagnoli (Testi) e letterarie (Tassoni), entrambe testimoni di un'epoca che aveva offerto ai severi censori dell'epoca, un panorama della vita modenese vivace ed attivo.

---

[10] Al Kalak, (2011, 140).
[11] Al Kalak (2011, 100).
[12] *Poesie liriche*, 1645, p.te 1ª e 2ª (alla *c.19v*).

L'inventario dei Libri proibiti

L'inventario dei libri proibiti dell'Archivio dell'Inquisizione è lo specchio riflesso di una vasta operazione attuata sulla produzione libraria di un'effervescente realtà come quella modenese, nel generale contesto della repressione culturale esercitata dalla Chiesa di Roma. Un esame sommario sul materiale rinvenuto da Vescovi e Inquisitori modenesi nel corso dell'esecuzione delle direttive romane ci restituisce, attraverso i libri consegnati da laici e clero secolare o rinvenuti durante le ispezioni presso i librai, un campione significativo dell'operazione di bonifica attuata tra lo scorcio del sec. XVII-XVIII. Se in complesso la lista dei libri si presenta redatta talvolta in maniera sciatta, dà in complesso i riferimenti bibliografici essenziali: non distingue i libri proibiti dai sospesi ed è abbastanza esauriente sul numero di esemplari consegnati delle singole opere. Non si deve poi dimenticare che quest'elenco riporta quanto rimaneva del rastrellamento della censura e di tutti gli scritti ʽ*omnino damnati*ʾ, cioè condannati dall'Indice, bruciati nei roghi o occultati in nascondigli di fortuna dai possessori che non accettavano le imposizioni inquisitoriali. Nell'elenco dei titoli delle opere ammassate nell'Archivio «per le reiterate premure d'indefessa vigilanza» dell'Inquisitore Giacinto Maria Longhi spiccano testi giuridici, medici, opere sospese e scritti sul duello e, in misura massiccia, opere letterarie che per oscenità e lascivia ricadevano sotto la regola VII dell'Indice Tridentino e potevano offendere le pie orecchie dei lettori. La furia censoria non aveva risparmiato nessun genere letterario (satira, novellistica, poemi cavallereschi) e libri dai contenuti dottrinali eterodossi. Sono i volgarizzamenti biblici i più colpiti e con loro tutta quella produzione di derivazione scritturale in volgare, dalle *Epistole et evangelii per tutto l'anno liturgico*, ai *Salmi*, alle raccolte, fino a quel vasto settore di scritti anonimi che circolavano sotto il titolo di *Natività, Officio della Madonna, Fioretti, Compendi historici e Som-*

mari del vecchio e del Nuovo testamento. Da ciò si può evincere che l'Inquisitore-censore usava massicciamente la scure soprattutto con i testi che sembravano più familiari al pubblico, quelli che più facilmente si usavano in ambito domestico per alimentare la pietà. Oltre le ben note tipologie di opere di astrologia, di magia - e quanto poteva riferirsi al molinismo, al giansenismo - l'azione repressiva sembra incanalarsi nel sec. XVII anche agli scritti di Machiavelli e, nel momento del libertinismo trionfante, agli scritti dell'Aretino, di Ferrante Pallavicino, di Traiano Boccalini, che con i suoi *Ragguagli di Parnaso,* avevano dato fastidio sia a Principi che alla Chiesa.

In Italia una volta cessata l'emergenza dell'eresia e magia a parte, furono gli scrittori libertini coloro che si trovarono a fare le maggiori spese della repressione inquisitoriale[13].

Infatti, contro questi scrittori che esprimevano un malcelato dissenso nei confronti del sistema di vigilanza della censura si appuntarono gli strali dei censori e contro i loro scritti, che ne attaccavano gli apparati. Nella progressiva erosione del potere centralizzato della censura ecclesiastica, tra '600 e '700 si operò progressivamente un rafforzamento dei poteri dello Stato che comportò la necessità di controllare direttamente e senza deleghe la circolazione degli scritti. Nel cambiamento del ruolo storico del censore si coglie lo spirito dei tempi: dall'immagine seicentesca dell'Inquisitore-censore, che veniva investito del ruolo di tutore poliziesco dell'ortodossia e della moralità del suo gregge, si trapassa a quello settecentesco:

i responsabili effettivi delle principali censure europee furono letterati e autori essi stessi, strettamente legati da vincoli personali e intellettuali a chi si ri-

---

[13] Infelise (1999, 83).

volgeva loro per la concessione dei permessi, pronti il più delle volte a inventare *escamotages* che consentissero di evitare noie[14].

Come è stato sottolineato da Mario Infelise,

di là dagli aspetti normativi nell'Italia di metà '700 ciò che finalmente si iniziava a respirare era un nuovo clima non del tutto diverso da quello che aleggiava in buona parte della Repubblica delle Lettere europea alla quale partecipavano a pieno titolo anche i revisori[15].

La realtà dell'Inventario, se ci parla molto della pratica storica della censura libraria del tribunale dell'Inquisizione di Modena in oltre due secoli, ci restituisce anche la certezza di un *hic et nunc* ormai scomparso per sua stessa natura, poiché

nessun inventario è autosufficiente: fotografa un movimento e produce un'immagine che risulta sempre sfuocata e precaria, quasi un fantasma, perché è il suo costitutivo dover essere sempre e soltanto inventario di un luogo specifico in un tempo specifico produrre un'immagine bloccata nel tempo e nello spazio (un'istantanea qui e ora)[16].

E la domanda che allora ci si pone davanti a questo elenco è: quanto di esso è sopravvissuto e dove si è stratificato? In quali biblioteche? Le risposte purtroppo sono insufficienti. L'insieme dei libri nella sua stessa organizzazione pratica, evidenziata nella sua sequenza di ordine linguistico (che però rinviava anche alle attività dei revisori), rimanda all'ordine materiale con cui essi erano collocati nelle scansie e nell'armadio, restituendo la topografia di questa raccolta libraria. Ma rimanda anche alla soppressione del tribunale dell'Inquisizione nel 1785 e alle perdite e alle dispersioni

---

[14] Infelise (1999, 100).
[15] Infelise (1999, 100).
[16] Quondam (1994, 15).

che può aver subito la ricca biblioteca dell'Inquisizione di Modena, abbastanza integra per la parte relativa ai manuali, conservati nella Cancelleria con gli atti processuali e integrati nella parte documentaria, mentre è probabile che i libri collocati nell'Archivio possano essere confluiti in altre biblioteche ecclesiastiche (ad esempio quella dei Domenicani che ospitava il tribunale), oppure siano andati dispersi come accade per tante biblioteche pubbliche e private o ecclesiastiche, quando furono soppressi gli ordini religiosi. Solo un documento archivistico dell'Archivio di Stato di Modena[17], relativo a una sistemazione del Fondo del tribunale dell'Inquisizione e alla sua consistenza nei primi anni dell'800 e redatto a pochi decenni dalla data di ingresso nei fondi archivistici dell'Archivio Ducale Segreto, ci dà una fotografia di quanto era rimasto nel passaggio dell'Archivio del tribunale al novello Stato prima dell'Unità. Confusi nell'enumerazione delle filze processuali, inclusi fra i manuali pertinenti all'attività giudiziaria, ritroviamo alcuni testi che provengono dall'Archivio dei libri proibiti del tribunale (ancora oggi sono conservati nella biblioteca dell'Archivio di Stato) a testimoniare la sopravvivenza, seppure in sporadici lacerti, di una biblioteca scomparsa, poiché di gran parte dei libri descritti nell'Inventario non vi è più traccia.

Ad esempio fra i testi superstiti rintracciamo:

due copie dell'opera *Aphorismi Confessariorum, auctore Emamuel Sà Lusitano,* Brixiae 1609, (cc.3-6 dell'Inventario)[18];

Index librorum expurgandorum, Tomus primus, Romae, 1607 (c. 4 dell'Inventario)[19];

[17] Il documento è conservato in ASMo, A.S.E., *Cancelleria Ducale,* parte 2/a, *Prospetto generale di tutte le filze, libri, fascicoli di scritture esistenti nel Reale Archivio Segreto,* senza data, ma da ascrivere ai primi anni dell'800.

[18] ASMo, Biblioteca, Collocaz. XXVI. C. 2.

[19] ASMo, Biblioteca, Collocaz. XXVII. A. 22.

Ragguagli di Parnaso, Centuria seconda, Venezia, 1613 (nell'Inventario risulta posseduto in diversi esemplari, cc.13-22)[20];

Circulus aureus Ceremonias et Ritus administrandi sacramenta[21], Mutine 1690 (c. 2 nell'Inventario, che ne segnala la presenza in tre fasci slegati e annota «350 fra *Circulus Aureus* e manuali dè curati e altri simili»);

Flagellum daemonum seu esorcismi[22] a cura di Ieronimus Mengus, Macerata 1580 (c. 2) «et altri libri per gli exorcismi».

In questo *Prospetto* ottocentesco viene citato anche un pacco contenente diciannove copie «slegate in istampa del libercolo *Circulus aureus seu Venetiis ac Bassani*», fra le opere di più ampia circolazione per la catechesi e le pratiche religiose.

Sono queste, al tramonto dell'Istituto dell'Inquisizione, le ultime vestigia di una biblioteca dispersa nella sua identità originaria. Il suo Inventario, come quello di tante collezioni assemblate dalla pratica d'uso, descrive libri che non ci sono più, in un ambiente scomparso dove erano collocati in una fantastica topografia spaziale; oggi ci parlano solo di proibizioni attuate in nome del dominio di un'idea su altre idee, vincolate a quella dominante.

Pochi decenni dopo la compilazione di questo Inventario, sfocò l'istantanea di questa biblioteca proibita, testimone di una lunga stagione di oscurantismo ideologico della cultura italiana.

Bibliografia

Al Kalak, M. (2011) *L'eresia dei Fratelli*, Roma, Ed. di Storia e letteratura.

---

[20] ASMo, Biblioteca, Collocaz. XLII. G. 4.
[21] ASMo, Biblioteca, Collocaz. XLVIII. C. 8.
[22] ASMo, Biblioteca, XLIV. C. 15.

Montecchi, G. (1988) *La censura nel Ducato Estense dalle origini alla fine del '700*, in *Aziende tipografiche, stampatori e librai a Modena dal '400 al '700*, Modena, Mucchi.

Quondam, A. (1994) *Le biblioteche della Corte Estense*, in *Il libro a Corte*, Roma, Bulzoni.

Righi, C. (1986) *L'Inquisizione ecclesiastica a Modena nel '700* in *Formazione e controllo dell'opinione pubblica a Modena nel '700*, a cura di A. Biondi, Modena, Mucchi.